Mehr Verkaufen mit Attention Hacking

**Survival Guide im
Social Media Dschungel**

Dr. Robin Kiera

Für Katja und Klara-Elisabeth*

Mehr Verkaufen mit Attention Hacking

Survival Guide im Social Media Dschungel

Dr. Robin Kiera

Inhaltsverzeichnis

Dr. Robin Kiera

Vorwort von Julian Teicke

Gründer und CEO von WeFox
Berlin, Mai 2021

Menschen lernt man in Extremsituationen kennen. Ich lernte Robin erst richtig kennen, als er im für uns existenziellen Rechtsstreit zwischen wefox und Lemonade die Vermittlung initiierte und Daniel Schreiber und mich in Tel Aviv zusammenbrachte und wir alle gemeinsam diesen Streit ohne Anwälte lösten. Robin als international bekannter Versicherungsexperte und Influencer hatte dabei keine Agenda. Seine Sicht: So ein Streit schade nur der Innovation in der Industrie und müsse vom Tisch. Als ob es selbstverständlich wäre, vermittelte er wochenlang und fädelte am Ende eine Marathonsitzung zwischen Daniel, ihm und mir ein. Allen zusammen gelang dann, das kleine Wunder, den Streit zu lösen.

Auch wenn man Robins Key-Note Vorträgen oder Artikeln keine Scheu vor provokanten Thesen vorwerfen kann, so muss man diese – wie dieses Buch – im Lichte der Motivation sehen, die Versicherungsindustrie positiv zu beeinflussen und zu Innovation zu treiben. Denn wer nicht Innovation lebt

und zu Veränderungen bereit ist, der geht mit der Zeit.

Dies leben wir auch bei wefox. Neben Direktvertrieb setzen wir auf physische Vermittler um Kundenzufriedenheit zu gewährleisten. Wir glauben daran, dass Technologie Dinge möglich macht, aber keinen Ersatz für zwischenmenschliche Kommunikation schafft. Als digitales Full-Stack Versicherungsunternehmen sehen wir das Innovationspotenzial der Branche insbesondere in der Risikovermeidung durch Technologie.

Sowohl Vorstände, Verantwortliche in Marketing und Vertrieb aber auch Vermittler können drei Dinge von diesem Buch lernen:

1. Der Wandel in Kommunikation und Kaufverhalten ist unaufhaltsam. Wir sind nicht am Ende der Digitalisierung, sondern stehen am Anfang. Jetzt ist der späteste Zeitpunkt.

2. Die Aufmerksamkeit von Kunden ist begrenzt – das Angebot an Informationen jedoch fast unbegrenzt. Wer hier es nicht schafft, sich in der täglichen Welt seiner Kunden zu etablieren, wird seine Kundenschnittstelle verlieren.

3. Die digitale Revolution in der Kommunikation führte zu einer Implosion der Einstiegshürde zur Produktion von Inhalten für Kunden. Auf der einen Seite hat das zu einer hohen Konkurrenz um die Aufmerksamkeit von Kunden geführt. Auf der anderen Seite jedoch auch zu ungeheuren Chancen für neue, kleinere und mittelgroße Player. Heute können kleinere Organisationen überproportional im Markt in Erscheinung treten.

Robins "Attention Hacking" ist einerseits ein abstrakter Leitfaden für das Handeln von Versicherern in der digitalen Welt. Andererseits enthält das Buch viele ganz konkrete Empfehlungen und Tipps für Anfänger und Profis.

Vorwort von Dr. Stefan Knoll

CEO der Deutschen Familienversicherung

Robin Kiera ist eine beeindruckende Persönlichkeit. Zunächst einmal ist er Akademiker und darin auch durch eine veritable Promotion über den deutschen Militär und Politiker Otto Philipp Braun mit 500 Seiten ausgewiesen.

Ich wähle diesen Einstieg, um deutlich zu machen, dass es Herr Kiera alleine schon bildungstechnisch nicht nötig hatte, sich unternehmerisch zu betätigen. Und so ist es insbesondere Letzteres, was mich begeistert. Unternehmer zu werden ist eine Einstellungsfrage, und wenn man dann auch noch erfolgreich ist, ein Ausweis der persönlichen Leistungsbefähigung.

Ich habe Herrn Kiera kennengelernt, als wir die Deutsche Familienversicherung zum InsurTech umgebaut haben und mit diesem Anspruch an die Börse gehen wollten. Diesen Prozess hat Herr Kiera begleitet und war auch bei einer Reihe von Auftritten meiner Person, u. a. auch in den USA, an meiner Seite.

Als wir die Deutsche Familienversicherung im Jahr 2007 gegründet haben, war Digitalisierung als solche noch kein Thema, jedenfalls nicht so wie heute und schon gar nicht in der Versicherungsbranche. Spätestens mit der Corona-Pandemie hat sich aber gezeigt, dass der Unternehmer, der den Online-Vertrieb als alternativen oder ergänzenden Vertriebsweg nicht beherrscht, substantielle Schwierigkeiten beim Absatz seiner Produkte oder Dienstleistungen hat. Das Kundenverhalten hat sich bis zur Corona-Pandemie schrittweise und mit ihr schlagartig verändert. Die Kunden schätzen die Einfachheit der Online-Bestellungen, die Einfachheit, Auskünfte im Netz zu erhalten, und dem muss durch die Unternehmen Rechnung getragen werden.

Wir haben mit Herrn Kiera Alexa als einen Vertriebsweg publik gemacht. Auch wenn die Vertriebsergebnisse bis heute mit Alexa eher noch einen homöopathischen Umfang besitzen, so bedeutet die Verwendung von Alexa zu Vertriebszwecken eine relativ einfache Expertise: Versicherungsprodukte können so einfach sein, dass sie über einen Sprachassistenten verkauft werden können.

Wenn uns nicht die staatliche Regulatorik, der ungebremste Drang zur Bürokratie als Ventillösung für ein Fortschreiten des staatlichen Versagens auf nationaler und europäischer Ebene in der Nutzung der Digitalisierung weiter fast täglich hemmt, dann könnten wir Deutsche mit unseren Ingenieuren und Entrepreneuren nach Krupp und Thyssen wieder eine Spitzenposition des Fortschritts einnehmen.

Um diese Entwicklung, mag sie noch so schleichend sein, sinnvoll zu begleiten, bedarf es Unternehmertypen wie Robin Kiera. Es befriedigt mich daher, ihn bei seiner unternehmerischen Entwicklung begleitet zu haben, und ich freue mich auf die Fortsetzung dieser fruchtbaren Zusammenarbeit.

Vorwort

Warum stehen die Leute nächtelang vor Apple-Stores Schlange? Oder warum verkauft Tesla Autos, obwohl das Unternehmen nicht einmal Werbung macht und keine klassischen Autohäuser führt? Sie kennen die Antwort vielleicht aus eigener Erfahrung, die Kunden kommen aus eigenem Antrieb. Apple und Tesla haben es geschafft, die Aufmerksamkeit vieler Menschen zu erobern. Sie haben um den Verkauf ihrer Produkte einen pull erzeugt. Es bedarf keiner Vertriebsaktion – keines pushes in den Markt.

Was für ein Unterschied zu vielen anderen Branchen und Unternehmen! Zumal es eigentlich grotesk ist, dass Menschen für Mobiltelefone Schlange stehen und Produkte, die Vermögensaufbau ermöglichen sowie Gesundheit und Schutz für die Familie garantieren, in den Markt gedrückt werden müssen. Versicherer und Vermittler helfen Menschen in ihren dunkelsten Stunden. Eigentlich sollten die Menschen bei uns Schlange stehen, sie tun es aber nicht – trotz Miliardeninvestitionen in Vertrieb und Marketing. Irgendetwas funktioniert nicht!

Meine Erfahrung heißt: wir sind selbst schuld. Stellen Sie sich vor, ein Vermittler beschwert sich über ausbleibende Kunden. Dann fährt er aber nicht zur aktuellen Adresse, sondern zur früheren Wohnung. Oder denken Sie an einen Versicherer, der bei einer alten Telefonnummer seines Versicherten anruft – obwohl er vom neuen Anschluss weiß. Die Argumente „Das funktioniert seit Jahren" oder „Andere benutzen diese Adresse doch auch" oder „Das haben wir immer schon so gemacht", sind lächerlich. Aber genauso verhalten sich viele aus unserer Industrie. Wir sind nicht da, wo der Kunde ist. Wir halten krampfhaft an veralteten Kommunikationsstrategien, Contentformaten und Kanälen fest, obwohl der Kunde dort nachweislich nicht mehr zu finden ist – und verbrennen Milliarden.

Lassen Sie mich unangenehme Fragen stellen:

Legen Sie Ihre Ziele fest.

 So starten Sie richtig.

- Wieso geben Versicherungen Unsummen für Fernsehwerbung aus,
obwohl die Zuschauer während-
dessen ihr Handy checken?

 Engagement – Ihr Weg
in die Community.

 Nutzen Sie die geeigneten
Formate.

- Warum rufen Vermittler ihre Kunden
zu einem Zeitpunkt an, an dem der
Kunde kein Interesse hat und wundern sich dann, weshalb sie nichts
verkaufen?

 Nehmen Sie Ereignisse
zum Anlass.

 Befahren Sie die richtigen
Kanäle!

- Warum investieren wir meist
viel zu spät in neue Kommunika-
tions-, Marketing- und Vertriebs-
kanäle?

 Posten Sie viel und werden
Sie zur Content-Maschine!

 Machen Sie Ihre relevanten
Influencer ausfindig.

- Warum stecken wir häufig viel
Energie in die Abwehr neuer Trends
und Technologien, anstatt sie zu
unserem Vorteil anzuwenden?

 Bauen Sie Social Media
in Ihren Alltag ein!

Die Antwort lautet häufig, dass es
„immer schon so" gewesen sei. Dies
ist aber kein Argument. Dieses Buch
stellt Ihnen 10 konkrete Schritte, Strategien, Taktiken und Instrumente vor,
mit deren Hilfe Sie Versicherungen
wie iPhones verkaufen werden. Und
so sehen diese Schritte aus:

 Bauen Sie einen wirksamen
Vertriebstrichter auf!

Bevor wir jedoch in diese konkreten
Schritte einsteigen, braucht es noch
einige Grundlagen. Dazu gehen wir
erst einmal ins Kino.

Dr. Robin Kiera

Kennen Sie Crocodile Dundee?

In diesem Kapitel erfahren Sie:

- Was in der Branche schief läuft.
- Warum wir Klartext reden sollten.
- Dass Sie ganz leicht umsteuern können.
- Mit welchen Strategien Sie in Zukunft Erfolg haben.
- Dass Aufmerksamkeit eine wichtige Währung darstellt.
- Wie Ihnen dieses Buch hilft.

Interessiert es Ihre Kunden, ob Versicherung XY von Allianz, Amazon oder Check24 stammt? Meistens nicht, sie entscheiden aufgrund persönlicher Vorlieben. Und lassen Sie sich nicht täuschen! Auch wenn es in der deutschen oder internationalen Assekuranz noch nicht zu einem disruptiven UBER-Moment kam, hat die aktuelle Dominanz nichts zu sagen. Denken Sie an Neckermann. Die waren auch mal dominant. Dann wurde Onlineshopping irgendwann einfacher und cooler als Katalogwälzen. Ich möchte jedoch nicht, dass unsere Branche das Schicksal der deutschen Versandhäuser teilt – zumal es funktionierende Strategien gibt, mit denen sich dieses Schicksal vermeiden lässt! Deshalb verzeihen Sie mir bitte meine offenen Worte und meine ungeschönte Beschreibung der Situation.

Und nun denken Sie an einen Kinohit aus dem Jahr 1986[1] zurück und stellen Sie sich eine Frage:

Wünschen Sie sich Crocodile Dundee oder einen Zoowärter als Partner, wenn Sie in der Wildnis ausgesetzt werden?

Nichts gegen Zoowärter! Aber obwohl Dundee mit seiner groben Art bei einem Vorstands-Dinner wahrscheinlich fehl am Platze wäre; er dürfte Ihr Überleben in der Wildnis eher sicherstellen, als der Zoowärter. Dieser mag zwar auch wilde Tiere aus der Nähe beobachtet haben. Crocodile Dundee hingegen ist schon x-fach hungrigen Krokodilen und dem Hungertod entkommen. Aufgrund seiner Erfahrung kennt er jeden Trick und er wird sich mit Ihnen im Dschungel durchschlagen.

---

[1] „Crocodile Dundee – Ein Krokodil zum Küssen" ist eine australische Filmkomödie aus dem Jahr 1986. Darin nutzt der Titelheld unkonventionelle und rabiate – gleichwohl jedoch charmante – Methoden, um in der Wildnis zu überleben.

Verstehen Sie dieses Buch als Survival Guide im digitalen Dschungel. Es enthält Erkenntnisse aus dutzenden Kampagnen mit tausenden Posts, Videos, Graphiken und Millionen Views. Ich bitte Sie jedoch schon vorab um Verzeihung, wenn bildlich gesprochen die Machete zum Einsatz kommt. Eine Nagelfeile hilft nicht, um uns durch das Dickicht im Dschungel zu bringen. Aber warum sollten Sie mir vertrauen und vier Stunden Zeit in die Lektüre dieses Buches stecken?

Nach meiner Zeit als Kundenberater im Versicherungsvertrieb, Projektleiter im Betrieb und Verantwortlicher in einem Start-Up arbeitete ich als Chief Product Officer bei der Digitaltochter der Hamburger M. M. Warburg CO. Wir bauten eine der ersten PSD2-OpenBanking Apps hierzulande. Parallel lernte ich bei längeren Aufenthalten in den USA und China viele neue Trends, Technologien und Apps kennen. Sehr deutlich wurde mir zudem das veränderte Kommunikations- und Kaufverhalten der Kunden. Gleichzeitig nahm ich kaum Bewegung in der Versicherungswirtschaft wahr. Ich sah Interviews von Vorständen, die so taten und teilweise immer noch so tun, als ob das lästige Internet bald wieder verschwindet und das Kommunikations- und Kaufverhalten der Menschen immer gleich bleibt. Diese völlige Verkennung der Lage verstehe ich bis heute nicht.

Zum Glück musste ich keine Konzernrücksichten nehmen, konnte aber gleichzeitig auf zwei Apps verweisen, die über eine Milliarde Cash verdient sowie eine Milliarde Assets under Information angebunden hatten. So begann ich, die Situation der Assekuranz wenig diplomatisch, aber gleichzeitig unterhaltsam darzulegen. Parallel startete ich Digitalscouting.de als harmlosen Blog und ging erste Schritte auf Social Media. Das Echo war enorm. Anfang 2017 bezeichnete mich Moritz Finkelnburg dann in einem Blogbeitrag als einer der relevanten Insurtech-Influencer – und ich musste erst nachschauen, was seine Bezeichnung überhaupt bedeutet. In der nächsten Zeit nahm die Anzahl meiner Follower auf LinkedIn, Twitter, YouTube und Xing kontinuierlich zu. Heute sind es über 200.000 und wir erreichen pro Monat zwischen 10 und 20 Millionen Views – ohne einen Cent für Werbung auszugeben.

Mein Klartext hatte einen nicht vorhergesehenen Nebeneffekt: einige der umstrittensten Keynote-Vorträge erzeugten wütende Nachrichten, aber auch Anfragen aus der Assekuranz. Viele Verantwortliche wollten sich in Ruhe mit mir über Strategie, Marketing und Vertrieb austauschen. Aus den ersten Aufträgen entwickelte sich Digitalscouting als Unternehmens- und Marketingberatung. Meinen Job als Chief Product Officer

verließ ich schweren Herzens, um Digitalscouting weiter aufzubauen. Zum Glück! Heute arbeiten rund 30 Experten für uns und wir konnten einige der bekanntesten Kampagnen und Strategieprojekte in- und außerhalb Deutschlands umsetzen.

DIGITALSCOUTING

Diese und die allgemeinen Entwicklungen im Ausland blieben vielen Konzernzentralen und Personen nicht verborgen. So beginnt langsam ein zögerliches Umdenken in der Branche. Allerdings entscheiden sich viele Verantwortliche noch immer für „etablierte" Kanäle und Formate. Dies geschieht entweder aus Unwissenheit oder um innerhalb des Konzerns nicht angreifbar zu sein. Schließlich nutzen alle anderen auch die etablierten Strategien. So mag man sich zwar kurzfristig beruflich immunisieren, die Tachonadel bewegt sich dadurch jedoch nicht.

Neben den überholten Strategien müssen wir auch etablierte Maßstäbe des Marketing-Agentur-Zirkus ignorieren. So existiert rund um etablierte – das heißt oftmals veraltete und überteuerte – Kanäle und Formate ein ganzes Ökosystem aus Konferenzen und Wettbewerben. Dieses feiert sich selbst und dreht sich auch nur um sich selbst. Wir wollen aber keine Preise. Wir wollen in der Wildnis überleben sowie Kunden und Umsatz! Für unsere Kunden. Für Sie.

Gewinnen Sie Kunden, nicht Preise!

In diesem Buch möchte ich Ihnen Wege vorstellen, auf denen Sie sicher durch die digitale Wildnis gelangen, sich anpassen und ehemalige Gefahren als Chancen nutzen. Vier zentrale Punkte möchte ich Ihnen auf den folgenden Seiten näherbringen:

1. Das Know-how aus diesem Buch ist keine Atomphysik. Stattdessen ermöglicht es Ihnen, von anderen zu lernen und teure Fehler zu vermeiden – egal wo ihr Unternehmen verortet ist; ob Sie als Vermittler, in Betrieb oder Stab arbeiten.

2. In 10 Schritten lernen Sie konkrete Strategien und Möglichkeiten kennen, die Sie als Low-Hanging-Fruit sofort oder auch langfristig umsetzen können. Hier finden Sie das nötige Wissen, nutzen Sie es!

3. Lernen Sie an den konkreten Praxisbeispielen aus diesem Buch – an den schlechten und an den Guten.

4. Denken Sie radikal um! Nur wenn Sie Ihr Marketing und Ihren Vertrieb an die sich rasend verändernden Rahmenbedingungen anpassen, werden Sie überleben. Und wenn Sie es richtig gut machen, werden Sie überproportional wachsen.

Beginnen Sie jetzt!

Mein erster Kauf bei Amazon
Seit 2007 kaufe ich bei Amazon Bücher und Kleinkram. 2009 dann fand ich dort ein Fernsehgerät und quälte mich tagelang, ob ich für knapp 700 Euro bei einer Firma ohne Adresse und direkten Ansprechpartner shoppen soll. Meine Befürchtung: im Schadenfall bleibe ich auf meinem defekten Gerät sitzen. Ich habe mich dann tatsächlich durchgerungen und die Lieferung klappte perfekt. Allerdings ging das Gerät bereits nach kurzer Zeit kaputt – und Amazon organisierte mir völlig problemlos eine Reparatur. Mit einem Schlag veränderte sich mein Einkaufsverhalten komplett. Seitdem vertraue ich Amazon und bestelle seitdem auch hochpreisige Produkte. Zu reibungslos ist der Bestellprozess, zu verlockend die Auswahl.

Der Erfolg von Amazon zeigt, dass Vertrauen die Grundbedingung für Käufe darstellt – auch und gerade im Versicherungsvertrieb. Schließlich geht es hier um wichtigere Dinge als um einen Fernseher (der übrigens immer noch läuft)!

Alles verändert sich!

Gesellschaft und Wirtschaft – ja unsere gesamte Weltordnung befindet sich in einem radikalen Wandel, der zudem in nie gesehener Geschwindigkeit abläuft. Während Videokassetten Jahrzehnte den Markt beherrschten, lösten sich CD, DVD, Blueray und Streaming in immer kürzen Zeiträumen ab. Ähnliches gilt für das Internet – brauchte es vom Zeitpunkt der ersten jemals verschickten E-Mail im Jahr 1971 noch Jahrzehnte, um das breite Kauf- und Kommunikationsverhalten zu verändern, so schafften es Mobiltelefon, mobiles Internet, Soziale Netzwerke und Influencerisierung immer schneller.

Unsere Branche sieht sich mittendrin und muss Schritt halten. So haben die Menschen mittlerweile andere Erwartungen an Produkte und Kommunikation. Ignorieren wir diesen Umbruch, kaufen sich die Kunden ihre Versicherung morgen bei Check24, Google oder Amazon – oder bei einem der innovativen Rück- oder Erstversicherern. Ob Sie wollen oder nicht:

Unsere Branche steht unter Druck!

Trotz gigantischer Opportunitäten, Effizienzsteigerungen und neuen Risiken wächst die deutsche Versicherungsindustrie kaum noch. Einige Sparten und Positivbeispiele ausgenommen. Das ist schade, denn es wäre möglich. Wer dies ändern will, muss seine (potenziellen) Kunden wieder und noch besser erreichen. Wir müssen dort sein, wo sich die Kunden befinden – derzeit vor allem in den sozialen Netzwerken. Daher sollten wir konsequent auf YouTube, Twitter, LinkedIn, TikTok & Co. setzen. Aus eigener Erfahrung kann ich Ihnen versichern, dass diese Strategie funktioniert! Für unsere Kunden und für mein eigenes Unternehmen gewinnen wir neue Kunden – indem wir Influencer aufbauen und nutzen.

Bevor Sie wie ich zunächst googeln müssen: Influencer sind Personen, die ihre Präsenz und ihr hohes Ansehen in den sozialen Netzwerken dazu nutzen, um beispielsweise Meinungen zu verbreiten oder Produkte und Lebensstile zu bewerben. Der Begriff stammt vom englischen Wort *influence* ab – Einfluss. Bedingungen für den Erfolg eines Influencers sind soziale Autorität, Vertrauenswürdigkeit, Einsatz und konsistentes Verhalten, womit er für Aufmerksamkeit (attention) bei seinem Publikum sorgt.

Doch genau darum geht es bei unserem Konzept des Attention Hacking mit Hilfe von Influencern: Es etabliert Versicherer und Vermittler dauerhaft auf dem Radar des Kunden. Denn dann ruft er im Moment des Bedarfs nicht seine Hausbank an, sondern uns. Und es ist gar nicht so schwer, diesen Wandel herbeizuführen. In diesem Buch zeige ich Ihnen, was Sie dafür tun müssen.

Kunden haben uns nicht auf dem Schirm

Als ich selbst als Versicherungsvermittler „Punkte und Stücke schreiben" sollte, bekamen wir monatlich willkürlich zusammengestellte Telefonlisten in die Hand gedrückt. Bei vielen Anrufen hörte ich immer wieder Ähnliches: „Schön, dass Sie anrufen. Vor vier Monaten haben wir uns ein Haus gekauft. Bei der Finanzierung und auch mit der Versicherung hat uns unsere Hausbank geholfen." Der Kunde dachte im Moment des Bedarfs nicht an mich als Vermittler, nicht an meinen Generalvertreter und nicht an den milliardenschweren Versicherungskonzern im Hintergrund. Im traditionellen Versicherungsvertrieb geht ungeheures Geschäft verloren, da der Kunde im Moment des Bedarfs nicht an uns denkt als Lösung für seine Probleme.

Die Lösung: Kontinuierlich auf dem Radar des Kunden sein

Auf den Radar des Kunden zu gelangen, ist überlebenswichtig. Aktuell gute Umsatz- und Gewinnzahlen schützen Sie nicht. Fragen Sie einfach Quelle, Neckermann und Schlecker. Die hatten auch gute Jahre – vor dem Zusammenbruch. Vertrauen Sie nicht auf vermeintlich positive Geschäftszahlen! Es ist sicher, dass auch in der Assekuranz Technologiekonzerne wie Amazon oder Apple auftauchen werden. Wir kennen nur die Namen dieser Disruptoren noch nicht. Und dabei muss es sich gar nicht um neue Player handeln. Schon jetzt arbeiten einige traditionelle Mitbewerber – Erst- wie Rückversicherer – halb im Verborgenen, aber dennoch fleißig an ihrer Modernisierung. Sie verwenden heute schon Strategien des Attention Hacking. Und auch Sie sollten Sie keine Angst vor diesen neuen Herausforderungen haben! Denn es gibt erprobte Strategien, mit denen Sie zum Beispiel bestehende Kunden und Partner halten und neue gewinnen.

Es geht in diesem Buch aber nicht nur um Social Media. Es geht um ein viel umfassenderes Grundprinzip: wer im Moment des Bedarfs im Bewusstsein der Kunden sein möchte, muss sich dauerhaft in dessen alltäglicher Welt etablieren. Dies geht teuer, indem Sie ständig alle verfügbaren Werbekanäle buchen. Es funktioniert jedoch auch effizienter. Seien Sie einfach dort, wo sich die Aufmerksamkeit des Kunden befindet und wo Ihre Mitbewerber noch nicht sind.

Sie Strategie ist simpel: Liefern Sie Ihrer Zielgruppe
- **relevante Inhalte**, die sie wirklich konsumiert,
- auf den **Kanälen, auf denen sie sich derzeit befindet**,
- in den **Formaten**, die ihren echten Konsumpräferenzen entsprechen.

Stattdessen setzen viele auf Kanäle und Formate, denen die Aufmerksamkeit der Menschen längst abhandengekommen ist. Damit verhalten sie sich wie ein Jäger, der dorthin zielt,

wo der Hirsch gestern graste. Machen Sie es besser! Verinnerlichen Sie das Ethos eines echten Jägers. Behalten Sie Ihren Kunden ständig im Blick.

Und dann sollten Sie dorthin gehen, wo sich die Aufmerksamkeit befindet! Treten Sie als vertrauenswürdiger Partner an, bieten Sie dauerhafte Hilfe und bleiben Sie auf dem Radar. Geben Sie den Menschen einen Grund, mit Ihnen zusammen zu arbeiten. Brennen Sie sich derart ins Bewusstsein Ihrer Kunden ein, dass kein Weg mehr an Ihnen vorbei geht. Dann müssen Sie nicht mehr aktiv verkaufen, die Menschen kommen von selbst.

Seien Sie dort, wo der Kunde tatsächlich ist. Gestern saß er vor ARD & ZDF, heute nutzt er Social Media und morgen kann es etwas ganz anderes sein. Denken Sie an das erwähnte Grundprinzip: Sie müssen sich selbst oder Ihr Unternehmen als Teil der täglichen Welt Ihrer Zielgruppe etablieren. Positionieren Sie sich dort als Lösungsanbieter für ein spezifisches Problem und münzen Sie die Aufmerksamkeit der Menschen in geschäftlichen Erfolg um. Schematisch lässt sich dieser Gedanke so beschreiben:

1. Hören Sie zu. Gehen Sie dorthin, wo sich Ihre Kunden aufhalten – ob digital oder analog.
2. Zeigen Sie Präsenz durch wertvolle und hilfreiche Inhalte in Formaten, die Ihre Zielgruppe wirklich konsumiert. Verzichten Sie auf plumpe Werbung und Erläuterungen von Produkten.
3. Diese Inhalte sorgen für Aufmerksamkeit und Vertrauen.
4. Vertrauen verhilft Ihnen zu Einfluss und damit zu einem Status als Influencer. Dann geschieht Folgendes:
5. Menschen wenden sich in dem Moment an Sie, wenn ein Problem existiert und wenn Sie als Lösung dieses Problems gesehen werden.
6. Wenn dies geschieht, haben Sie aus einem Push-in-den-Markt einen Pull-aus-dem-Markt generiert.
7. Ergebnis: Aufmerksamkeit verhilft Ihnen zu neuen Kunden!

Aufsichtsrat niemand ansieht und die dann auf YouTube mit 300 Views verkümmern oder mit Millionen ins TV gepuscht werden müssen. Und selbst hier schaut niemand mehr aufmerksam zu. Menschen schalten bei Werbung auf stumm, nehmen das Handy, gehen in die Küche oder ins Bad. Die Wirkung der ausgegebenen Millionen liegt nahe Null. Doch es gibt deutlich effizientere Methoden, um die Aufmerksamkeit der Menschen zu erlangen. Mit Attention Hacking zum Beispiel werden Sie als Unternehmen und als Vertrieb Teil der Lebenswelt der Menschen. Sie werden zum vertrauten Partner – oder in Neudeutsch zum (Micro-) Influencer. Deshalb ist Attention Hacking auch keine Technologie oder Marketingansatz. Vielmehr handelt es sich um einen neuen Mindset, der auf überdurchschnittlichen Erfolg und Wachstum zielt.

Dieses Prinzip funktioniert selbstverständlich nur dann, wenn Sie relevante Inhalte in modernen und aktuellen Formaten teilen. Vergessen Sie also die alte Werbe- und Marketinglogiken. Versuchen Sie nicht mehr, mit Gewalt oder nach irgendwelchen Monatslisten Kunden zu beglücken oder Kanäle zu bespielen, die nicht mehr funktionieren. Unzählige Versicherer lassen noch immer klassische Werbefilme für Hunderttausende Euro produzieren, die sich außer Vorstand und

Influencer werden

Die Währung jedes Influencers bemisst sich in Kategorien wie Qualität und Quantität der Reichweite, Aufmerksamkeit sowie Wirksamkeit. So bekommen sein Rat und seine Meinung Gewicht. Wer lediglich Informationen sendet und die Bedürfnisse der Kunden ignoriert, wird niemals Influencer oder er ist es die längste Zeit gewesen. Und noch schlimmer wird es, wenn Unternehmen nicht auf Kommentare reagieren oder wenn sie die Kommentarfunktion ganz ausschalten. Derartige Praktiken führen Social Media ad absurdum und sie zeigen das absolute Desinteresse am Kunden. Sie können einer Marke sogar schaden.

Nähkästchen: WeFox vs. Lemonade
Influencer können sogar echte
Probleme lösen: im Jahr 2018
steuerten zwei der größten und
bekanntesten Insurtechs auf eine
juristische Auseinandersetzung zu
– und die Klage Lemonade gegen
WeFox hätte der noch jungen
Insurtech-Bewegung substan-
tiellen Schaden zufügen können.
Aufgrund meines Netzwerkes und
der Präsenz in der Inusrance-
Community kannte ich beide
CEOs. Ich stand mit beiden im
WhatsApp-Kontakt und ließ
Lemonade-Chef Daniel wissen,
dass ich sein Vorgehen für un-
glücklich halte – und tat dies als
Influencer auch öffentlich in einem
kritischen Artikel. Selbstverständ-
lich hatte ich ihn zuvor darüber
informiert. Gleichzeitig stand ich
auch mit Julian Teicke, dem Co-
Gründer und CEO von WeFox in

Kontakt. Ich kannte und schätze
beide. Nur sie hatten nicht den
direkten Draht zueinander. Durch
das jahrelang aufgebaute Vertrau-
en brachte ich beide in Tel Aviv
unter einer Bedingung zusammen:
keine Anwälte im Raum, sondern
nur wir drei. In einer Zehnstunden-
Marathonsitzung konnten wir
alle Streitpunkte aus dem Weg
räumen und eine Eskalation
verhindern. Nur weil ich Julian
und Daniel persönlich kenne und
schätze, wusste ich, dass beide
außergewöhnliche Unternehmer-
persönlichkeiten sind und dass
der direkte Kontakt der Beiden
funktionieren könnte. Netzwerken
und Vertrauen zahlen sich aus;
und zwar für alle Seiten! Es hatte
beiden Parteien und der Commu-
nity sehr viel Zeit und Ärger ge-
spart. Attention Hacking funktio-
niert sogar in dieser Beziehung.

der Top-Influencer der internationalen Versicherungsbranche. Und der Weg dorthin ist kein Geheimnis, auf den kommenden Seiten erläutere ich ihn Schritt für Schritt. Sie erreichen Ihr Ziel, wenn Sie sich konkrete Meilensteine vornehmen!

Planen Sie den Beginn der Lektüre und schließen Sie diese spätestens in vier Tagen ab.

Und wie bei jeder anderen Fortbildung auch, sollten Sie Kapitel und Themen rekapitulieren. Dann liegt der Wert des Buchs nicht in seinem Ladenpreis, sondern in den zusätzlichen Kunden und Umsätzen, die Sie für sich oder Ihr Haus mit der Anwendung des Inhalts generieren können. Allerdings steht noch eine Hürde auf Ihrem Weg: Sie müssen tatsächlich loslegen. Nur wer etwas tut, kann Erfolge erzielen – und dazu brauchen Sie Deadlines. Also arbeiten Sie dieses Buch in höchstens 4 Tagen durch. Lesen Sie es nach 3 Monaten noch einmal. Verstehen Sie diese Seiten daher nicht als weiteres Fachbuch fürs Regal, sondern als Survival Guide in der digitalen Welt und als Startpunkt für überdurchschnittliches Wachstum.

Was Ihnen dieses Buch bringt

Sie lernen Strategien kennen, die Sie und Ihr Unternehmen zur Verkörperung der Lösung eines Problems ihrer Kunden machen – leicht anzuwenden und ohne Millionen sinnlos zu verbrennen. Wir wissen zum Beispiel, auf welche Inhalte, Formate und Kanäle es ankommt und wie oft wir posten müssen, wann sich eine Kampagne eher für YouTube eignet oder für TikTok. In den letzten zehn Jahren haben wir für unsere Kunden einige bekannte Influencer aufgebaut und man bezeichnet uns mittlerweile als einen

Frei nach Bill Clinton: „It's the mindset, stupid."[2]

In diesem Kapitel erfahren Sie:

- Warum wir existenzielle Risiken bisher völlig übersehen haben.
- Dass Sie das Kernziel Wachstum nie aus den Augen verlieren dürfen.
- Warum Sie sich ein Beispiel an Apple, Google und Co. nehmen sollten.
- Dass sich alles verändern wird.
- Weshalb die Menschen eigentlich ständig an uns denken müssten.
- Dass sie den Begriff „normal" vergessen sollten.

Bei einer Diskussion um die Erweiterung der Wertschöpfungskette traf mich die Erkenntnis wie der Blitz: die meisten Versicherer und Vertriebe verkaufen nur ein Produkt; Versicherungen. Ganz selten generieren andere Geschäftsfelder signifikante Umsätze und Gewinne. Eigentlich ist es ironisch, dass eine Industrie, die so exzellent Risiken einschätzen kann, selbst so riskant arbeitet. Denn die Abhängigkeit von einer Produktkategorie – in einem unsicheren, gesellschaftlich- politischen Umfeld – ist schlichtweg risikoreich. Daher dienen Vertiefung und Erweiterung der Wertschöpfungskette nicht nur als Mittel zum Wachstum, sie stellen geradezu eine Pflicht zur Absicherung des Unternehmenskerns dar.

Viele Versicherer vertrauen trotzdem weiterhin auf die vermeintliche Cash-Cow, weil es schon sehr lange gut geht. Gleichzeitig fehlt jedoch der Blick über den Tellerrand. So sind die ersten Wellen an der Türschwelle unserer marmornen Zentralen kein Sommerschauer, sondern die Vorboten des Tsunami. Dass wir die Bedrohung nicht bemerken, liegt auch an einem unendlichen Karrierekarussell. Wir werben uns lieber gegenseitig Entscheider ab, anstatt frische Impulse von außen zu holen. Warum nicht den Entwicklungschef von Google zum CTO machen oder den Insurtech-Gründer zum Strategie-Chef? Ein gutes Argument haben wir im Gegensatz zu vielen anderen Branchen, denen das Wasser schon

[2] *Mit Hilfe der ständigen Erinnerung an den Grundsatz "It's the economy, stupid!" gewann Bill Clinton 1992 die US-Präsidentschaftswahlen. Er nahm vor allem das wirtschaftliche Wohlergehen der Amerikaner in seinen Fokus.*

bis zum Hals steht: volle Kassen. Wir könnten uns Königtransfers leisten. Real Madrid oder die Bayern wären neidisch.

Stattdessen kreisen viele Versicherer fast ausschließlich um die Entwicklung noch ausgeklügelter Versicherungsbedingungen, stärker ausgefeilter Risikoberechnungen oder immer weiter psychologisierter Vertriebsmethoden. Diese Verengung verschließt jedoch die Augen vor dem gesellschaftlichen Wandel und vor den Herausforderungen der Digitalisierung. Doch wie jedes Unternehmen leben auch die Versicherer von Risikominimierung und Wachstum. Und wer diese Ziele verdrängt, wird früher oder später bestraft. Suchen Sie die Antwort auf die zentrale Frage jedes Unternehmens:

„Wie schaffen wir es, so schnell, so nachhaltig und so sicher wie möglich zu wachsen?"

Ein Grundproblem heißt, dass wir so lange erfolgreich waren. Wir glauben deshalb, dass wir als Versicherer gewisse Dinge nicht tun dürfen. Es gibt jedoch keine besonderen Unternehmen und daher keine Beschränkungen. Ein Versicherer ist – ökonomisch gesehen – nichts als die Ansammlung von Kapital mit der Mission, aus Kapital durch seine Tätigkeit mehr Kapital zu machen. Lassen wir diesen Gedanken zu, befreit er uns von den selbst auferlegten Fesseln. Wieso sollen wir keine Kinderwagen empfehlen oder Mode verkaufen?

Bevor Bedenkenträger nun die Regulatorik ins Spiel bringen: es braucht lediglich eine Handvoll proaktiv denkender Juristen, um eine geschickte Struktur für versicherungsfremde Leistungen zu finden. Wir können die BaFin nicht zur Verteidigung von Apathie und Nichtstun vorschicken – zumal auch die Aufsicht ein großes Interesse an starken und stabilen Versicherern hat.

*Mit dem Kinderwagen zum neuen
Geschäftsmodell*
*Der Geschäftsführer eines großen
Maklerhauses wurde zur gleichen
Zeit Vater wie ich. In dieser Phase
diskutierten wir lange, warum ein
Vermittler auf keinen Fall Attention Hacking betreiben kann. Am
Ende habe ich ihn gefragt, wie
er den besten Kinderwagen für
seinen Nachwuchs findet. Er
antwortete, wie andere Menschen
auch: „Ich frage Freunde, Familie
und Google." Auf meine Replik
„Warum nicht deinen Versicherer?"
reagierte er zunächst entgeistert.
Dann aber waren wir uns schnell
darüber einig, dass Versicherer
viel hilfreiches Wissen über All-
tagsfragen ihrer Kunden besitzen.
So kennen sie etwa den besten
Kinderwagen aus der Unfall- oder
Krankenversicherung. „Dann könnten wir ja auch Kinderwagen empfehlen oder verkaufen," meinte er
zum Schluss. Das wäre dann nicht
nur Attention Hacking, sondern
darauf basierend die Erweiterung
des Geschäftsmodells.*

Identifizieren Sie Wachstums-treiber!

Immer kommt es darauf an, Wachs-tumstreiber zu identifizieren und sie konsequent einzusetzen. Und so schließt sich der Kreis: aus meiner Sicht erreichen wir dieses Ziel, indem die Assekuranz eine bessere Beziehung zu ihren Kunden aufbaut und ihnen die Möglichkeit bietet, noch mehr ihres Budgets bei uns auszugeben. Nur wenn die Menschen uns wahrnehmen und uns als Lösungsanbietern vertrauen, kaufen sie unsere Versicherungen und weitere Produkte. Das strategische Ziel jedes Versicherers – und aller anderen Unternehmen ebenso – ist daher ganz einfach:

„Ich will die Wahrnehmung meiner Kunden dominieren!"

Wieso spielen, Google, Facebook oder Amazon eine derartige Rolle? Egal worum es geht, Menschen googeln, hören sich auf Facebook um oder suchen bei Amazon nach passenden Produkten. Dabei müsste der Reflex bei Themen wie Sicherheit, Risikovorsorge oder Geld lauten, Allianz, Axa, Baloise, PAX und Wiener Städtische zu besuchen. Was hat Google mit Versicherungen zu tun? Lassen Sie uns Dominanz zumindest in unserer Nische, bei unserer Zielgruppe und bei unseren Produkten anstreben. Rund um unsere Themen dürfen die Silicon-Valley-Konzerne höchstens eine untergeordnete Rolle spielen.

Setzen Sie sich unrealistische Ziele!

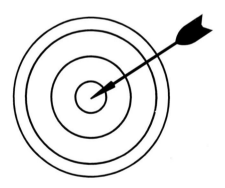

Was jeder andere für verrückt oder völlig unmöglich hält, sollte Sie leiten. Denn beispielsweise war es für Leute wie Jeff Bezos, Mark Zuckerberg oder Elon Musk absurd, ihre Unternehmen mit solch größenwahnsinnigen Zielen zu gründen. Shopping, Kommunikation oder Mobilität komplett neu zu erfinden, schien angesichts der existierenden Rahmenbedingungen aussichtslos – und doch hat es funktioniert. Diese Menschen haben an sich selbst und ihre Visionen geglaubt und alles dafür gegeben, sie zu verwirklichen. Wir können das auch! Zugegeben, dabei handelt es sich um sehr große Fußstapfen, aber warum nicht?

Radikaltransformation OCC

Als Désirée Mettraux OCC Assekuradeur als neue Geschäftsführerin übernahm, deutete von außen nichts auf die angeschlagene Situation des Marktführers. Eine IT-Integration lähmte das Unternehmen, Serviceprobleme ließen Kunden und Vermittler verzweifeln und es gab nur wenige digitale Prozesse. Darüber hinaus erschwerten es die historisch gewachsenen Strukturen, Probleme zu lösen und größeres Wachstum zu generieren.

Mettraux setzte sich das unrealistische Ziel, OCC innerhalb von 12 Monaten radikal umzubauen und fit für die Zukunft zu machen. Dies bedeutete auch den kompletten Austausch des mittleren Managements, Rückabwicklung der IT-Integration, Modernisierung der Brand, Neustart des Marketings, Kulturwandel, Einführung von Attention Hacking, Neuaufstellung des Vertriebes und Erweiterung des Geschäftsmodells.

Auch wenn der Wandel noch lange nicht abgeschlossen ist, OCC verarbeitet nun statt 0 über 65 Prozent aller Anträge dunkel, hat sich als moderne Marke auf Social Media etabliert und gilt immer mehr als Best Practice, wie sich

ein erfolgreicher, in die Jahre gekommener Nischenversicherer in Lichtgeschwindigkeit und radikal modernisieren lässt.

Es gelang Frau Mettraux, einerseits branchenfremde Experten und Branchenkenner von außen für die Transformation zu gewinnen und andererseits langjährige Fachkräfte intern zu binden und für die Modernisierung zu mobilisieren. So konnte sie ein schlagkräftiges Team vereinen. Alles in weniger als 24 Monaten.

All dies war völlig unrealistisch.

Unrealistische Ziele bilden den Kern von Attention Hacking. Es geht darum, das Undenkbare zu denken und das Unerreichbare zu erreichen. Dominanz lässt sich nur am oberen Ende erzielen. Denken Sie an die Google-Suche: mit Ihren Schlagwörtern auf Platz 6 oder 11 zu kommen, ist uninteressant. Geklickt werden fast ausschließlich die obersten Treffer und es bleibt Ihnen gar nichts anderes übrig, als die Nummer eins werden zu wollen. Das Gleiche gilt für eine Verankerung im (Unter-)Bewusstsein potenzieller Kunden. Sie müssen Ihren Bereich emotional oder mental dominieren! Und dieser Anspruch ist zunächst einmal vollkommen unrealistisch.

Sie wollen neue Probleme!

Der Ausbruch aus Branchengrenzen bedeutet eine Befreiung aus jahrzehntealten Fesseln. Allerdings ist dieser Ausbruch nicht immer vergnügungssteuerpflichtig. Sie werden von anderen in der Industrie für Ihre Konsequenz kritisch beäugt, für ihre Selfies belächelt oder erhalten ungebeten Rat. Allerdings ist es genau das, was Sie wollen. Werden Sie von altgedienten Experten kritisiert und erhalten Gegenwind, sind Sie auf dem richtigen Weg.

Auf neuen Wegen bekommen Sie zudem neue Probleme. IT-Systeme werden unter der Last der Kunden ächzen, Serviceprovider in die Knie gehen und alle nur möglichen Dramen werden Sie überraschen. Selbst die beste Analyse und Strategie sowie die mutigste Modernisierung führen nicht zur Ruhe, die sich viele in den großen Organisationen wünschen. Stattdessen tauchen neue Probleme auf anstatt der alten. Aber genau dies wollen Sie. Denn neue Probleme bedeuten, dass Sie auf einem neuen Level angekommen sind, neue Opportunitäten entstehen und neue Erfolge möglich sind. Durch die Lösung neuer Probleme erwerben Sie außerdem immer neue Kompetenzen. Herausforderungen, die vor wenigen Jahren oder Monaten noch Kopfzerbrechen verursacht hätten, rufen heute nur noch ein Lächeln hervor.

Der schon wieder!

Ich wurde zu Beginn von Digital-scouting häufig für meine Berichte und Selfie-Fotos von Konferenzen und Reisen rund um die Welt belächelt. In Frankfurt kommentierte ein Konferenzbesucher meine Aufnahmen mit, „jetzt weiß ich auch, dass du mit der Bahn angereist bist." Der Kommentar kam halb als Scherz, ich dachte mir aber: „Ja, aber 20.000 andere auch."

Wenig später begannen Entscheider und Experten aus der Assekuranz und dem Banking, mich zu kontaktieren, um sich „auf einen Kaffee" zu treffen. Hieraus entstand dann eine Unternehmensberatungs- und Marketing-firma. Hätte ich auf den Kollegen in Frankfurt gehört und beschämt meine Kamera eingepackt, keine Selfies mehr geschossen und veröffentlicht, wäre es nie zu Digitalscouting gekommen.

Fun fact am Rande: Jahre später rief mich auch der besagte Kollege an und wurde Kunde von Digitalscouting.

Das haben wir immer schon so gemacht.

Endgegner Normalität

Es gibt kein „normal" und keinen Ruhezustand. Sowohl im Niedergang als auch im Aufschwung entstehen Probleme. Aufgrund der beschleunigten Zunahme von Komplexität in der Welt, kann es per Definition keinen Stillstand und keinen Normalzustand geben. Beides sind Illusionen der Momentaufnahme. Normal waren Nokia-Handys, fünf Prozent Zinsen und Versandhauskataloge. Kaum verändern sich die Rahmenbedingungen, gerät das Geschäftsmodell ins Wanken. Fragen Sie sich bitte: Wo soll ein normales Budget liegen? Oder wodurch soll sich ein normales Jahr auszeichnen?

Stillstand und Normalität sind eher Ausdruck des Aufgebens und der Neigung, sich mit dem Niedergang abzufinden. Stattdessen sollten Sie Normalität, Stillstand und die Kom-

fortzone als größte Gegner sehen. Schaffen Sie Neues! Der Wandel ist keine Etappe zwischen zwei Phasen von Normalität, sondern die neue Realität. Sich kontinuierlich der Veränderung zu stellen und den Umgang mit neuen Tools, Taktiken und Trends zu lernen, ist keine einmalige Reaktion, sondern die entscheidende Fähigkeit. Wer diese Fähigkeit trainiert, kann sich neuen Herausforderungen immer wieder stellen. Er wird nicht nur überleben, sondern den Wandel als große Chance nutzen.

Ausgesprochen kurzsichtig ist Pseudostabilität. Diese zeichnet sich durch Ignorieren der Zeichen von Veränderung aus. Man verschließt die Augen vor dem Offensichtlichen und bestätigt sich in Organisation, Familie oder als Individuum immer selbst, dass der Wandel gar nicht stattfindet oder einen nicht betrifft. Diese Taktik verschlingt ungeheurere Ressourcen. So vergeuden Menschen Know-how und Denkkapazitäten, um den Status Quo argumentativ zu rechtfertigen und Input von außen abzuwehren. Es entsteht eine Unternehmenskultur, die jeden Vorschlag niedermacht.

Leider bestrafen die fest gefügten Hierarchien und eine fehlerintolerante Unternehmenskultur viel zu oft diejenigen, die sich aus der Deckung wagen. Menschen erfolgreich anzusprechen, braucht aber Aktivität!

Datenschutz vs. Mittagessen
Nachdem ich bei einem der größeren Versicherer immerhin eine Hierarchieebene unter dem Vorstand begonnen hatte, wollten die Verantwortlichen den Austausch zwischen den stark voneinander getrennten Bereichen des Unternehmens fördern. Um mit gutem Beispiel voranzugehen, rief ich eine abteilungs- und hierarchieübergreifende WhatsApp-Gruppe ins Leben, damit sich alle zum Mittagessen verabreden und treffen konnten. Ein ebenfalls jüngerer Bereichsleiter berichtete in einem offiziellen Gremium begeistert von diesem Versuch, die Silos aufzulösen. Kurz danach erfuhr ich dann, dass dieser Austausch unter Kollegen aus „Datenschutzgründen" nicht erlaubt sei – obwohl es sich um eine private Gruppe handelte. Die heiligen Silos verteidigt man eben auch mit der Ausrede des Datenschutzes. Bloß keine Innovationen riskieren, man könnte ja auf neue Ideen kommen. Um mich politisch nicht weiter zu exponieren, schloss ich die WhatsApp-Gruppe. Am Abend telefonierte ich mit einigen Headhuntern. Wenige Wochen später verließ ich – aufgrund dieser und weiterer Erlebnisse – den Regionalversicherer.

Der Vertrieb ist kaputt. Und dem Betrieb ging es auch schon mal besser.

In diesem Kapitel erfahren Sie:

- Dass die Unternehmenskultur der Assekuranz oftmals toxisch ist.
- Wie trotz toller Produkte ein
- negatives Image entstanden ist.
- Warum uns bestehende Ziele ins Verderben führen.
- Dass es trotzdem viele, tolle Menschen in der Assekuranz gibt.
- Welch fatale Rolle manche der internen Strukturen spielen können.

Das Heute in der Assekuranz lässt sich knapp zusammenfassen: es ging uns schon mal besser! Neben Legacy-IT und veralteten Konzepten lässt sich die Situation vor allem auf ein fatales Mindset und eine manchmal toxische Kultur zurückführen. Ich lernte die Lektion selbst. So erfolgte mein Berufsstart in der Medizintechnikbranche bei der B. Braun Melsungen AG. Das Unternehmen wurde geprägt durch die unglaubliche Fairness, Zuverlässigkeit und Freundlichkeit des damaligen CEOs und Gesellschafters Ludwig Georg Braun. Es war für ihn selbstverständlich, Wort zu halten.

Am Rande eines Empfangs gab er mir ein Versprechen und Jahre später löste er es ein – selbstverständlich. Die Liste solcher Anekdoten um ihn würde Bücher füllen. Diese Verlässlichkeit und Aufrichtigkeit war in allen Unternehmensteilen zu spüren, die ich damals kennenlernen durfte.

Szenenwechsel: Im Vertrieb erlebte ich ungeheuer angenehme, ehrliche und engagierte Mitarbeiter in Vertrieb und Betrieb. Allerdings wurde ich immer wieder – meist außerhalb meiner Organisation – Zeuge eines bedenklichen Umgangs mit Kunden oder eigenen Mitarbeiter. Berater wurden von Vorgesetzten angeschrien, Zusagen und Versprechen von gestern galten nichts. Anstatt Kunden nach Bedarf zu beraten, drücken Führungskräfte ein bestimmtes Produkt mit Gewalt in den Markt. Das war nicht nur bei den üblichen Verdächtigen, sondern hin und wieder auch bei seriösen Vertrieben zu sehen. Positiv bleiben mir vor allem unzählige Vermittler und Mitarbeiter in Erinnerung, die trotz dieser Kultur

ihren Kunden und Kollegen halfen. Ausgezeichnete Vermittler wollten sowohl das Beste für die Gesellschaft, als auch alles Vernünftige für den Kunden erreichen. Und sie taten dies trotz und nicht wegen des Vertriebssystems.

So wundert es mich nicht, dass die Bewertungen vieler Vertriebe als Arbeitgeber im Internet miserabel sind – von einigen Jubelmeldungen einmal abgesehen. Auch die Fluktuation ist erschreckend. So berichtete jüngst ein Vertriebsdirektor: Von rund 25 jungen, frischen Kundenberatern eines Jahrganges hatten ungefähr 50 Prozent nach 6 Monaten das Unternehmen verlassen und rund 75 Prozent nach einem Jahr. Diese sinnbefreite Geldverbrennung gehört jedoch dringend auf den Prüfstand. Denn viele Vertriebe haben bereits Probleme damit, überhaupt Nachwuchs anzuwerben – zu groß ist die Attraktivität neuer Unternehmen mit niedrigen Einstiegshürden. Zwar ist die Bezahlung auch dort schlecht, doch bieten Sie eine positive Unternehmenskultur und Zukunftschancen.

Elisabeth Stiller, Leiterin Vertrieb beim Gesamtverband der Deutschen Versicherungswirtschaft e. V.

Die Zahl der Vermittler nimmt seit Jahren ab. Woran liegt dies?
Die Gründe für den Rückgang der Registerzahlen sind vielfältig. Ein wichtiger Punkt sind die strengeren Anforderungen an den Berufseintritt und die Berufsausübung. Hier hat es in den letzten Jahren viel Bewegung gegeben. Man wird nicht mehr „einfach so" Versicherungsvermittler.
Natürlich wirkt sich auch die demografische Entwicklung aus. Rund 40 Prozent der registrierten Versicherungsvermittler*innen sind 55 Jahre und älter. Sie setzen

sich zumindest perspektivisch mit der Unternehmensnachfolge auseinander und zwar in einer Zeit, in der der Vertrieb im Umbruch ist. Guter Nachwuchs – kommunikativ und empathisch, fachlich und digital versiert – ist in vielen Branchen gefragt. Genau hier setzen wir übrigens mit unserer Initiative Werde #Insurancer an. Wir wollen junge Leute mit den richtigen Fähigkeiten und der richtigen Einstellung für den Versicherungsvertrieb begeistern.

Übrigens: Die IHKs berichten, dass die Anzahl der Anträge auf Erlaubniserteilung im letzten Jahr gestiegen ist. Auch die Anzahl der Sachkundeprüfungen hat zugenommen. Man sieht das auch schon im Register des DIHK, denn die Anzahl der gebundenen Vertreter*innen ist in den letzten beiden Quartalen leicht gestiegen. Das ist noch keine Trendwende, aber doch bemerkenswert.

Welche Entwicklungen sehen Sie bei Vermittlern?
Das durch Corona notwendige Social Distancing war einerseits eine enorme unternehmerische Herausforderung für die Vermittler*innen und andererseits Booster für die Digitalisierung im Vertrieb. Als Verband der Versicherungsunternehmen stehen wir nicht direkt im Kontakt zu den Vermittler*innen. Dennoch nehme ich wahr, dass sich viele Vermittlerbetriebe schnell und flexibel auf die neuen Umstände eingestellt haben. Der Beruf beschränkt sich eben nicht nur auf fachliche Expertise und die Fähigkeit, verkaufen zu können. Skills wie Unternehmertum, Flexibilität, Weitblick und die Bereitschaft ständig zu lernen, gehören auch dazu. Dass die Branche glimpflich durch 15 Monate Pandemie gekommen ist, liegt auch wesentlich an den Vermittler*innen.

Was machen erfolgreiche Vermittler heute anders und was müssen Vermittler tun, um auch in Zukunft erfolgreich zu sein?
Vermittler*innen sind Selbstständige. Um erfolgreich zu sein, müssen sie ihre Betriebe fit für die Zukunft machen und sie auch fit erhalten. Dazu müssen sie Veränderungen antizipieren. Das gilt sowohl für das Verhalten und die Erwartungen ihrer Kundinnen und Kunden als auch für Entwicklungen bei den Anbietern, mit denen sie kooperieren. Natürlich müssen sie dabei die Konkurrenz im Blick haben – auch die potenzielle. Das ist herausfordernd und spannend. Junge Leute wollen in Unternehmen mit Perspektive einsteigen. So schließt sich der Kreis zu Ihrer ersten Frage.

<u>Keiner will (oder kann) mehr Versicherungen verkaufen</u>

Makler- oder AO-Vertrieb heißt heute noch häufig, Kundenlisten abzutelefonieren, Termine zu vereinbaren und Kunden in deren Wohnzimmer oder per Video zu beraten. Das Problem: wer Menschen in Momenten ohne Bedarf kontaktiert, wird als nerviger Störenfried wahrgenommen – obwohl es oftmals um tolle Produkte geht. Zudem lohnt sich dieser Aufwand für viele Produkte wie etwa Haftpflicht oder Hausrat einfach nicht mehr, auch aufgrund von ausufernden Beratungsdokumentationen. Eine Folge dieser Entwicklung ist beispielsweise die Abnahme der Anzahl an Vermittlern.[3] Manche sprechen gar von Vermittlersterben. 2018 war es besonders schlimm, über 20.000 mussten oder wollten aufgeben. Gerade viele kleine arbeiten mittlerweile unprofitabel.

Trotz ihrer wichtigen Aufgabe in der Gesellschaft und ungeachtet ihres Fachwissens zu Finanz- und Vermögensfragen, ist die Arbeit eines Beraters und Verkäufers ganz unten angesiedelt. Das ist sehr bedauerlich. Zwar schreiben sich viele Versicherer Kundenzufriedenheit auf ihre Fahnen, bei der Provisionierung und Anerkennung von Vertriebserfolg spielen diese Faktoren aber keine große Rolle. Stattdessen zählt ausschließlich der Verkauf. Das hat natürlich Konsequenzen im Vertrieb. Wer hat nicht erlebt, wie Kollegen auf Bühnen der Auftakt- oder Jahresendveranstaltungen gefeiert wurden, von denen jeder wusste, dass sie nicht immer die Kundeninteressen ins Zentrum ihrer Bemühungen gestellt hatten. Gerade offene, ehrliche und engagierte Vermittler – von denen es viele Tausend gibt – sowie die guten Versicherer leiden hierunter.

Die Branche hat jedoch dazugelernt. Gelangen vertriebliche Fehlgriffe an die Öffentlichkeit, wird der Akteur schnell aus dem Unternehmen entfernt – ganz gleich, wie häufig er auf Bühnen gefeiert wurde. Und das ist gut so.

[3] www.handelsblatt.com/finanzen/banken-versicherungen/vermittler-professoren-erwarten-grosses-vermittlersterben/8968118-3.html?ticket=ST-808890-1VJfLXQwpqWalxC1bayi-ap1
www.procontra-online.de/artikel/date/2018/10/knapp-2000-weniger-vermittlersterben-haelt-an

Bloß keine neuen Kunden!
Einer unserer Kunden implemen-
tierte Attention Hacking und
schuf eine ganz neue und moder-
ne Präsenz im Markt. Plötzlich
merkten wir, dass B2B-Partner-
schaften deutlich schneller in die
entscheidende Phase kamen, da
der bis dato unbekannte Kunde
Geschäft und Ansatz nicht mehr
erläutern musste. Potentielle Part-
ner nahmen ihn als Gesprächs-
partner ganz anders wahr und
schnell kam es zu einer großen
Vertriebspartnerschaft. Das
Problem: Die IT konnte die hohe
Anzahl an Neukunden gar nicht
verarbeiten. Das war natürlich
ein Problem. Aber ein neues und
ziemlich cooles Problem.

Unsinnige Vertriebsziele

„Der Fisch stinkt vom Kopf", heißt es in Norddeutschland. Dies gilt auch für Versicherer. Den Auslöser für viele problematische Entwicklungen bilden die kurzfristigen und starren Umsatz- oder Vertriebsziele. Denn leider widersprechen sie häufig dem längerfristigen Erfolg und führen dazu, strategische Weichen falsch zu stellen. Wer beispielsweise in zehn Jahren den besten Vertrieb Deutschlands aufbauen möchte, muss heute ganz anders agieren als jemand, der dieses Jahr möglichst viele Abschlüsse machen will. Starre Ziele rächen sich in einer digitalen Welt ganz besonders.

Ausgesprochen widersinnig ist zudem, dass Vertriebsziele häufig für alle gleich aussehen – obwohl sich Zielgruppen, Kundenportfolien und Rahmenbedingungen der einzelnen Berater stark unterscheiden. Dazu kommt eine große Diskrepanz zwischen Schulung und Wirklichkeit. Vermittelt werden akademische Inhalte, die wenig mit dem tatsächlichen Vertrieb zu tun haben – oft von Leuten, die kaum praktische Erfolge vorweisen können.

Noch dramatischer wird diese manchmal toxische Kultur angesichts des Kerns jeder Versicherung. Stets ging es um den Zusammenschluss von Menschen, um die Risiken des Lebens zu teilen und sich gegenseitig zu helfen. Heute erinnert nicht mehr viel daran. Selbstverständlich halten viele Vermittler, Agenturisten und vor allem kleinere und mittlere Versicherer diese Prinzipien immer noch hoch, doch in einigen Vertrieben und Konzernen hat sich eine verhängnisvolle Eigendynamik entwickelt. Allerdings lässt der Erfolg dieser Methoden stetig nach. Die Welt ändert sich und wer nicht mitmacht, bleibt auf der Strecke.

Endstation Betrieb – auch kein Vorzeigebereich

Jeder von Ihnen kennt die Beispiele von Unternehmen, deren Bürogebäude für die einfachen Mitarbeiter den vergammelten Charme der 70er versprühen. Der Vorstand dagegen rauscht im separaten Aufzug in eine eigene, durchdesignte Etage ganz oben. Er verfügt über Assistenten in maßgeschneiderten Anzügen und livrierte Diener – und ist buchstäblich entrückt. Verstehen Sie mich nicht falsch, ich gönne jedermann diesen Luxus. Doch wer sich ausschließlich in einer derart hermetisch abgeriegelten Welt bewegt, verliert den Kontakt zur Realität. Er merkt zum Beispiel nicht mehr, dass er veräppelt wird. Und zwar so:

Nähkästchen: Der farbige Button
Strategiesitzung eines großen,
deutschen Regionalversicherers:
knapp 15 Experten diskutieren
über die Entwicklung einer App,
ich bin frisch vom Gaming-Start-
Up abgeworben um „ein unter
Vorstand" Verantwortung für Teile
der Modernisierung zu über-
nehmen. Als das zuständige Vor-
standsmitglied den Raum betritt,
verstummt das gesamte Plenum.
In der Folge gibt der Chef detail-
lierte Anweisungen für Kleinig-
keiten. 14 Tage später präsentie-
ren die Entwickler neu gefärbte
Buttons. Ich ducke mich schon,
weil der Vorstand bestimmt in der
für ihn typischen Weise laut wird
– doch nichts dergleichen! Im
Gegenteil lobt er das Team für die
harte Arbeit. Dies und ähnliches
wiederholt sich mehrfach. Ich
frage ihn unter vier Augen, was
er wirklich vom Arbeitsfortschritt
des Teams hält: „Ist doch toll,"
antwortet er.
Da verstand ich. Seine fachliche
Expertise als IT-Vorstand war so

begrenzt, dass er nicht begriff,
dass ihn das Team an der Nase
herumführte. Er wusste einfach
nicht, dass ein Praktikant die
Änderungen in der Mittagspause
hätte erledigen können. Hinzu
kam eine sorgsam gepflegte toxi-
sche Kultur. Experten im Haus gab
es genug. Obwohl die meisten
Fachleute meine Einschätzung
teilen, traut sich keiner, die Wahr-
heit zu sagen – schon gar nicht
im Meeting. Fachliches Know-how
gilt nichts, Hierarchien dagegen
alles. Dazu kommt: Dieser Vor-
stand verstand nicht einmal, dass
ihm Fachwissen fehlte, um gute
Entscheidungen für sein Haus
zu treffen. Daher fragte er auch
seine internen oder externen
Experten nicht. Als ich ihm Ende
2016 die wenige Tage alte App
von Lemonade zeigte, meinte er:
„Wir bauen so was auch." Bis heute
hat dieser milliardenschwere Ver-
sicherer keine marktfähige App.
Der Schaden für das Haus und die
entgangenen Opportunitäten sind
immens.

Gegen diese Entrückung hilft übrigens auch kein Reporting. Ich hatte bei einem großen deutschen Versicherer gewagt, zu berichten und einige der immergrünen Ampeln im Projektreporting auf gelb zu setzen. Die Folge: mein zuständiger Vorstand verlangte wutentbrannt, die Ergebnisse wie gewohnt zu frisieren und alles wieder auf grün zu schalten. Diesen Gesichtsverlust konnte er sich vor seinen Vorstandskollegen nicht erlauben. Da wurde die Realität befohlen, um das Gesicht zu wahren, obwohl es in den Projekten lichterloh brannte. Die richtigen Antworten auf den allgegenwärtigen Wandel findet jedoch nur, wer die Realität achtet. Mein Rat an alle entrückten Entscheider der Branche lautet daher: kehrt zurück in die Realität der Gesellschaft und in diejenige eurer Belegschaften! Raus aus den Vorstandsetagen. Denn ein verselbständigter Apparat kann den Amazons dort draußen kaum etwas entgegensetzen – allen grünen Ampeln zum Trotz.

Gleichzeitig möchte ich jedoch betonen, dass auch viele Entscheider von einem anderen Schlag in der Assekuranz arbeiten. So sehen wir Veteranen, die richtige Entscheidungen treffen, da sie auf Grundlage ihrer Erfahrungen die Veränderungen von heute realistisch einschätzen. Die mit beiden Beinen im Leben stehen, die Realität inner- und außerhalb der Industrie kennen. Die das Richtige für Kunden und Mitarbeiter wollen und auch danach handeln. Stößt ein solcher Manager an seine persönlichen Grenzen, holen er oder sie Experten von außen an Board. Das macht Führungskräfte nicht schwächer, sondern zeigt ihre Stärke.

Darüber hinaus sehen wir eine neue Generation von Vorständen und Geschäftsführern (beider Geschlechter), die ihre Organisationen schonungslos modernisieren und dadurch zu retten versuchen. Diese Akteure machen Hoffnung.

Freundschaft statt Leistung
Eigentlich ist es sympathisch,
gescheiterte Freunde mit Posten
zu versorgen. Fehlt ihnen aber
jegliche Qualifikation, leidet das
Unternehmen insgesamt. Wie im
Beispiel des Vorstandes eben.

Alte Freunde erhalten Bereichs-
leiterposten, gleichzeitig weiß
keiner genau, was sie den ganzen
Tag machen. Einer davon sollte
die Geschäftsführerrolle in einem
Spin-off des Unternehmens be-
kommen. Die erste Amtshandlung:
neue Visitenkarten mit dem schö-
nen neuen Titel. Drängende Fra-
gen wie Geschäftsmodell, Auf-
bauplan, Recruiting und Produkt-
entwicklung konnten warten.
Ohne Plan wurden Büros angemie-
tet und ohne Abstimmung wirre

Entscheidungen getroffen. Kein
Wunder, dass solche Führungs-
kräfte keine Modernisierung
hinbekommen.

Bei der Mannschaft sah es nicht
besser aus. Als ich nach einem
Workshop mit dem Vorstand
in die Kantine ging, wollte ich
etwas Nettes sagen: „Ein feiner
Zug, dass auch Rentner Zugang
zur Kantine haben." Der Vorstand:
„Das ist unsere IT." Ups. Wer fast
zehn Jahre niemanden einstellt,
muss sich über eine Vergreisung
der Belegschaft – zumal im Tech-
nologiebereich – nicht wundern.
Solche Mannschaften schaffen es
kaum, gegen Start-Ups, Techno-
logieunternehmen oder fitte Mit-
bewerber anzutreten.

Stell dir vor, es ist Herbstwerbung und keiner hört zu

In diesem Kapitel erfahren Sie:

* Wie stark sich die Kommunikation und damit Ihre Kunden verändert haben.
* Wie Sie Social Media einordnen sollten.
* Warum Sie zuerst an die mobile Nutzbarkeit Ihrer Angebote achten müssen.
* Dass Sie online und offline Präsenz zeigen müssen.
* Wie Sie sich selbst positionieren müssen.
* Dass ein wackliges Handybild mehr bringt als der teure TV-Spot.

Das Kommunikationsverhalten der Menschen hat sich in den letzten Jahren radikal gewandelt. Und dies ist keine private Meinung des Autors; Daten, Zahlen und Fakten belegen die Veränderungen. Das stetige Wachstum der sozialen Netzwerke führte etwa zu einem fortwährenden Niedergang etablierter Medien. Das Durchschnittsalter der Zuschauer von ARD und ZDF beträgt 62 Jahre – das der Bevölkerung nur 44.[4] War-um schalten Versicherer noch immer Werbung auf veralteten Kanälen, bei denen ihre Zielgruppe faktisch nicht mehr vertreten ist?

Früher Zeitungen, Radio und TV – heute 10 Milliarden mobile Endgeräte auf der Welt.

Mehr als 3 Milliarden Menschen weltweit nutzen Social Media täglich!

2019 wurden 194 Milliarden Apps heruntergeladen, war Ihre dabei?

Video is king! 2020 gehen 80 % des Internettraffics für Videos drauf.

Und wissen Sie was? Schon während ich diese Zeilen schreibe, sind die Zahlen veraltet!

[4] *Bei ProSiebenSat.1 ist der durchschnittliche Zuseher 37 Jahre alt.*

Sehen Sie Social Media ganz nüchtern!

Soziale Medien haben keinen Wert an sich. Sie sind kein Selbstzweck, sondern die aktuelle Phase des Internet. Sie bieten ein Vehikel, um per Attention Hacking Menschen zu erreichen. Soziale Medien sind der Glücksfall für unsere Industrie. Denn es ging und geht immer darum, Menschen zu erreichen und uns mit ihnen auszutauschen und am Ende für unsere Produkte zu gewinnen. Und damit diese Strategie funktioniert, gehören drei Ziele in Ihren Fokus:

1. Sie müssen Teil der täglichen Welt der Menschen werden.
2. Sie benötigen die Kontaktdaten, um Menschen unabhängig von zwischengeschalteten Social-Media-Kanälen ansprechen zu können und in Ihr eigenes Ökosystem zu lotsen.
3. Menschen sollen bei (Versicherungs-)Bedarf von selbst auf Sie zukommen.

Bei jeder Marketing- und Vertriebsstrategie sollten Sie diese drei Kernziele im Hinterkopf behalten. Viele nutzlose Aktionen erübrigen sich damit von selbst, denken Sie etwa an teure TV-Spots. Denn Fernsehwerbung ist kaum nicht mehr Teil der Lebenswelt – man checkt in den Werbepausen lieber WhatsApp – und für pull sorgen sie auch nicht. Eine klare Fokussierung auf diese drei Ziele legt damit bereits den Grundstein für eine erfolgreiche Ansprache (potenzieller) Kunden.

Neues Geschäft beim Oldtimer-Versicherer OCC Assekuradeur
Anstatt sich allein auf die Absicherung von Oldtimer und Liebhaberfahrzeugen zu fokussieren, erneuerte OCC Assekuradeur die Marke komplett, erweiterte die Zielgruppe jenseits der Kern-Oldtimercommunity und eröffnete auch einen Online-Shop für Lifestyle-Mode. Dieser wird sogar systematisch beworben.
Zwar dürfte dieser Shop den Umsatz des Versicherungsgeschäftes nicht ersetzen, aber durch diese Experimente erlernt ein Unternehmen, neue Geschäftsmodelle auszuprobieren. Und vielleicht ergibt sich später eine Idee daraus, die sich sehr wohl signifikant in der Bilanz und damit im Unternehmenswert bemerkbar macht.

Mobile first!

Kundenbedürfnisse, Kommunikation und Kaufverhalten ändern sich. Dazu gesellt sich eine weitere Entwicklung, die bei vielen Unternehmen noch gar nicht angekommen ist: Kommunikation läuft mittlerweile hauptsächlich über mobile Endgeräte. Die letzten zehn Jahre haben ausgereicht, um unser digitales Leben komplett auf das Smartphone zu verlagern und der

Grundsatz mobile first oder gar mobile only sollte die Basis jeder Kommunikationsstrategie darstellen.

Auch hat sich das Mediennutzungsverhalten dramatisch verändert. Heute ist Action angesagt! Die Menschen wollen schneller zum Punkt kommen, die Aufmerksamkeitsspanne hat abgenommen, es herrscht eine Häppchenmentalität vor und die Nutzung soll zeitlich flexibel sein. Wer Erfolg haben will, muss daher stets präsent sein und diese Vorlieben berücksichtigen. Und selbstverständlich auch die nötigen Mittel in die richtigen Kanäle lenken.

Ohnehin halte ich Knauserigkeit bei neuen Marketingformen für völlig absurd. Denn gleichzeitig werden noch immer Unsummen für TV- und Zeitungswerbung ausgegeben. Die Branche kommuniziert weitgehend so wie vor 50 Jahren. Offensichtlich haben viele Entscheider noch nicht begriffen, dass sich das Kommunikationsverhalten der Menschen dramatisch verändert hat. Auf den Punkt gebracht:

Wir schalten TV-Werbung, obwohl die Zuschauer in den Werbepausen auf ihr Smartphone schauen!

Vorbild KLM
Die niederländische Airline KLM
kann als Vorbild der Erweiterung
von Touchpoints und der digital
skalierten Kommunikation gelten.
So erhalten Reisende sinnvolle
Updates zu ihren Reisen und noch
während Sie das Flugzeug an der
Destination verlassen, zeigt eine
WhatsApp, auf welchem Band
sich ihr Koffer befindet. Gibt es
einmal Probleme, lässt sich KLM
via Twitter leicht kontaktieren.
Probleme bei Buchungen werden
dort unkompliziert erledigt.

Offline ist nicht tot – es spielt nur noch die zweite Geige

Auch in Zeiten von Smartphones und Social Media braucht es für einige Zielgruppen weiterhin die persönliche Komponente. Wie wir als Privatpersonen uns trotz WhatsApp und Facebook persönlich treffen, sind auch digital erfolgreiche Vermittler oder Versicherer auf herkömmliche Weise vernetzt. Das Netzwerken alter Schule ist sogar ausgesprochen wichtig. Denn im persönlichen Kontakt bieten sich immer wieder bedeutende Geschäftsperspektiven – und das gilt vom einzelnen Vermittler bis zum großen Versicherungskonzern. So bildet die digitale Präsenz nur die Spitze des Eisbergs, hinter den Kulissen entscheidet unser Netzwerk darüber, ob wir zum Beispiel die erfolgreichen Strategien der Anderen kennenlernen oder viel versprechende Partner finden.

Wer Freundschaften und Bekanntschaften vernachlässigt, steht irgendwann allein da. Und diese Erkenntnis gilt umso mehr, wenn man im Wettstreit mit anderen, attraktiven Angeboten steht. So braucht das Netzwerk als Grundpfeiler eines zukunftsfähigen Unternehmens die angemessene Pflege. Und nun fragen Sie sich bitte: wann hilft Ihnen zum Beispiel ein Geschäftspartner oder ein Brancheninsider? Wenn er Ihnen vertraut und wenn er weiß, dass er auch von Ihnen profitiert. Und um dieses Vertrauen aufzubauen, brauchen Sie sowohl Offlineevents, als auch eine dauerhafte Präsenz in den Sozialen Medien. Beide Ebenen bedingen und verstärken sich sogar, ganz deutlich zeigt sich dieses Prinzip bei Auftritten auf Podien und Veranstaltungen. Denn dabei haben Sie die Chance, sich selbst und Ihr Know-how zu präsentieren. Die beste Möglichkeit dazu bieten Vorträge.

Warum Sie Speaker sein müssen

Als Speaker aufzutreten, generiert zwei entscheidende Vorteile. Aufnahmen mitreißender Vorträge und Standing Ovations machen sich nicht nur gut auf Social Media, Sie bekommen auch direktes Feedback. Wenn Sie vor 1.000 Menschen einen guten Vortrag halten, werden sich die 5 bis 6 Personen, die sich brennend für Ihre Lösung und Ihre Produkte interessieren, nach dem Vortrag mit Ihnen austauschen. Bleiben sie also nach Ihrem Vortrag unmittelbar bei der Bühne oder ganz in der Nähe des Saales! Und zeigen Sie mindestens noch 2-3 Stunden Präsenz auf dem Event, damit Ihre zukünftigen Kunden, Partner oder Mitarbeiter die Gelegenheiten haben, Sie anzusprechen und Visitenkarten zu überreichen. Fordern Sie bei jedem Vortrag die Teilnehmer auf, Ihnen auf Social Media zu folgen und Sie bei Interesse auf der Konferenz anzusprechen. Als Speaker erhöhen Sie die Wahrscheinlichkeit deutlich, für Sie spannende Personen im Meer der Teilnehmer zu finden. Besonders spannend sind auch VIP- und Speaker-Rooms. Dorthin können sich Speaker – vor allem auf internationalen Konferenzen und Events – zurückziehen. Gerade wenn man sich häufiger sieht, entstehen hier unschätzbar wertvolle Beziehungen.

Mit Ihrem Auftritt vor Ort endet das Spiel jedoch keineswegs. Vielmehr ist es entscheidend, das Ganze medial zu verwerten. Tun Sie mir einen Gefallen: machen Sie beim nächsten Event und bei der nächsten Konferenz bitte Aufnahmen von der Veranstaltung und am besten auch von sich selbst, dann kommentieren und veröffentlichen Sie diese. Einem unserer Kunden wusch ich einmal den Kopf als er erzählte, er habe spontan auf dem führenden Symposium gesprochen. „Und wo sind die Aufnahmen?" „Habe ich vergessen." Das sollte Ihnen nicht passieren. Denn dann hätten Sie sich die Reise meist sparen können. Wenn Sie daran denken, können Sie Bild-, Ton- und Textschnipsel auf vielfältige Art verwerten, Details dazu finden Sie bei „Schritt 5: Offlineereignisse digital skalieren – wollen Sie 100 oder 184.000 Zuschauer?"

*„Top-Beratungen" als Negativbei-
spiel*
*Ich stelle immer wieder fest, dass
besonders Partner und Senior Berater großer Beratungshäuser zu
Konferenzen und Events einflie-
gen und nach der Rede sofort den
Saal und das Event verlassen. So
haben Entscheider keine Möglichkeit auf den Redner zuzugehen.*

*Als Ausnahmeerscheinung ist
Nigel Walsh, langjähriger Partner
bei Deloitte Digital (UK) – jetzt
Google Insurance. Aufgrund
seiner kontinuierlichen Teilnahme
und durch viele Beiträge in der
internationalen Versicherungsindustrie, wurde er einer der Top-
Insurance-Influencer. Natürlich
bleibt Nigel nach seinen Vorträgen
vor Ort.*

Sie brauchen kein teures Equipment!

Weil dieses Buch vor allem einen praktischen Nutzen vermitteln soll, möchte ich kurz auf das Thema Technik eingehen. Denn Videos, Podcasts und so weiter müssen schließlich irgendwie in den Kasten. Das Gute dabei: niemand braucht eine Produktionsfirma für YouTube-Filme. Fast alles können Sie selbst erledigen und gutes sowie passendes Equipment muss nicht teuer sein! Gerade am Anfang geht es ohne teures Profiequipment. Nutzen Sie einfach ein vernünftiges Smart-Phone. Apple-Telefone haben den Vorteil, dass Apps maßgeschneiderte Treiber für Foto- und Videoaufnahmen verwenden, was bei Android-Geräten nicht immer der Fall ist. Aufgrund der Vielzahl an Android-Kameras werden häufig Standardtreiber verwendet. Dies führt dazu, dass eigentlich hochwertige Kameras in Android-Geräten eher durchschnittliche Aufnahmen produzieren. Daher empfehlen wir Apple-Handys zur Aufnahme und Verarbeitung von Foto- und Video-Material für Social Media.

Noch einige konkrete Techniktipps: für Fotos und Filme verwenden wir zum Beispiel die **Canon M50** (mit **11-22mm Objektiv** und 15-45 Objektiv und **ESDDI Stativ**), häufig mit dem **Zhiyun Crane Gimble** für flüssige Aufnahmen beim Laufen und Filmen. Für Interviews verwenden wir einen **YC Onion Slider**. Als Mikrofon kommen **Saramonic SR-WM4C** zum Einsatz oder einfach ein Rode. Für kürzere Einsätze nutzen wir den **DJI Osmo Pocket**. Diesen habe ich immer dabei. Aufgrund verbesserter Kameras der Handys verwende ich als Handy-Gimble ein **DJI OM 4**. Aufgrund ihres geringen Gewichtes und vielfältiger Einsatzmöglichkeiten ist bei uns die **Drohne DJI Mavic Mini** im Einsatz.

Noch viel wichtiger als hochwertige Qualität ist jedoch, dass Sie authentisch erscheinen und spannende Inhalte vermitteln und in einem Format produzieren, das Ihre Zuschauer in seinen Bann zieht. Mit einem teuren Werbespot zur Primetime im Fernsehen werden Sie höchstens kurzfristig Aufmerksamkeit erzeugen. Wenn Sie dagegen stets präsent sind und coole Inhalte bieten, verankern Sie sich mit sogar billig produzierten Handyvideos dauerhaft im Bewusstsein.

So funktioniert Attention Hacking

In diesem Kapitel erfahren Sie:

- Wie sehr wir von Reizüberflutung geprägt sind.
- Mit welchem Trick Sie oben auf der Informationswelle schwimmen.
- Welche Zielgruppen Sie überhaupt ansprechen sollten.
- Warum Ihre Arbeit viel einfacher und effektiver wird.
- Dass gerade Vorstände und andere Entscheider aktiv werden sollten.

Halten Sie sich ständig im Bewusstsein!

Jeder Mensch erhält unzählige Marken- und Werbebotschaften am Tag. Kein Wunder, dass Brief oder Anruf des Versicherers untergehen und der Kunde im Moment des Bedarfs an vieles denkt – nur nicht an uns. Dazu kommt, dass nur 2 Prozent der Verkäufe beim ersten Kontakt stattfinden. Dagegen erfolgen 75 Prozent zwischen dem 8. und 12. Kontakt. Dieses Prinzip bedeutet auch, dass Versicherer und Vermittler ihre Kunden 8 bis 12 Mal per Telefon, Brief, Besuch oder Fernsehwerbung kontaktieren müssen. Das ist teuer. Heute funktioniert die Kontaktaufnahme deutlich effizienter, indem die Assekuranz relevante Inhalte in moderner Form produziert und auf Kanälen distribuiert, auf denen der Kunde seine Zeit verbringt.

Eine große Anzahl relevanter Inhalte auf den richtigen Kanälen sollte die Verbraucher dazu bringen, im Moment des Bedarfs an Ihre Marke zu denken – und nicht an fünf Mitbewerber oder gar Angreifer. Versuchen Sie daher, kontinuierlich im Bewusstsein zu bleiben. Je mehr Kontakte stattfinden, desto größer wird die Kaufwahrscheinlichkeit. Das zentrale Ziel hinter Ihren Aktivitäten heißt daher:

Steigern Sie die Anzahl der Touchpoints!

Und genau darum geht es beim Attention Hacking: mit Hilfe einer höheren Kontaktfrequenz und durch eine steigende Kontaktqualität verbessern Sie Ihre Chancen als Lösungsanbieter. Sie werden Teil der Welt des Kunden und damit ganz automatisch Ansprechpartner im Bedarfsfall.

Attention Hacking gestattet es, die Vertriebsaktivität von der Tätigkeit einzelner Mitarbeiter zu entkoppeln. Früher ging es vor allem um die Anzahl der Vertriebler, heute lassen sich Verkaufszahlen auch ohne erhöhten, personellen Aufwand steigern. Bis es soweit ist, müssen Sie jedoch einiges tun. So sollten Sie wissen, dass es um weit mehr als um Klicks oder Views geht. Vielmehr ist Attention Hacking eine andere Art des Denkens, die den Kunden ins Zentrum stellt.

Dieser Ansatz gilt unabhängig vom jeweils angesagten Kanal und dieses Buch hilft noch immer, selbst wenn die später besprochenen Kanäle längst untergegangen sind.

Nähkästchen: Vom einfachen Kundenberater zum globalen Experten

Eine Warnung vorweg: Bitte missverstehen Sie diese Geschichte nicht als Selbstbeweihräucherung, sondern als Beispiel der Möglichkeiten moderner Kommunikation.

Im Jahr 2013 startete ich bei einem großen Versicherer im „Managementprogramm", arbeitete letztlich als einfacher Kundenberater. Über mir lagen viele Hierarchie-Ebenen und unter mir nur die Straße auf dem Weg zum Kunden.

Heute sind Entscheider wie der BaFin-Exekutivdirektor, Vorstände oder Insurtech-CEOs oder weltweite Superstars wie Gary Vaynerchuk, Grant Cardone, Guy Kawasaki und Rachel Curz zu Gast in unserer LinkedIn-Liveshow und Teil unseres Netzwerkes. Bei meinen Bühnenauftritten werde ich häufig vorgestellt als jemand, „den man nicht vorstellen muss".

Ein Großteil unserer Kunden kommt proaktiv auf uns zu. Möglich wurde dieser Wandel, weil ich als Top-Influencer in der Branche wahrgenommen werde – mit Hilfe von Attention Hacking. Die gleichen Mechanismen funktionieren auch für Manager und Mitarbeiter in Betrieb und Vertrieb.

So erreichen Sie Ihre Zielgruppen

Wollen Sie Ihre Möglichkeiten mittels Attention Hacking optimal nutzen, sollten Sie zunächst die richtigen Zielgruppen eindeutig identifizieren. Dazu gehören

- Bestandskunden
- Neukunden
- Verkäufer wie Vermittler und Agenturisten
- Vertriebsmanager
- Marketing/Unternehmenskommunikation
- Vorstände/Entscheider

Diese einfache Liste sollten Sie nun um Ihre persönlichen Erfahrungen ergänzen. Fragen Sie sich zum Beispiel: Wodurch zeichnen sich Ihre Vertriebsmanager aus? Welche Interessen hat Ihr potenzieller Neukunde? Mit welchen Argumenten erreichen Sie neue Geschäftspartner? Diese Fragen kennen Sie von Ihrer bisherigen Arbeit, im Attention Hacking fallen sie jedoch ebenfalls an. Mit einer derartigen Aufstellung verfügen Sie über eine exakte Zielgruppendefinition, die als Grundlage für das Attention Hacking dient.

Bevor Sie dann tatsächlich loslegen, sollten den jeweils richtigen Zeitpunkt für die Kommunikation herausarbeiten. Sie müssen etwa dann präsent sein, wenn der Kunde ein Haus oder Auto kaufen will und Versicherungsbedarf hat. Wer auf herkömmliche Weise Vertrieb macht, ruft fast immer zum falschen Zeitpunkt an. Eine kontinuierlich aufgebaute Aufmerksamkeit sorgt dagegen für den pull oder der Verkäufer erfährt durch den ständigen Kontakt vom jeweiligen Bedarf. So nutzt Attention Hacking der Beziehung zu Bestandskunden, bei Neukunden gerät man dadurch erst aufs Radar.

Und glauben Sie nicht, dass die sozialen Medien nur zur Ansprache der Endkunden sinnvoll sind! Potenziale lassen sich genauso innerhalb des eigenen Unternehmens oder in der eigenen Vertriebsstruktur heben. Vielleicht nutzen beispielsweise ihre Vermittler LinkedIn und die Vertriebler Ihrer AO sind eifrige WhatsApp- und YouTube-Konsumenten. Setzen Sie auf die sozialen Medien, um Ihre Mitarbeiter und Kollegen besser und schneller erreichen zu können!

Soziale Medien verändern und vereinfachen Ihre Arbeit

Der Einsatz von Social Media sollte keine lästige Nebentätigkeit zur bisherigen Arbeit sein. Ein Teil der bisherigen Arbeit wird ersetzt und vereinfacht, weil sich Rollen, Jobbeschreibungen und Selbstverständnis in der Branche grundlegend ändern. Denken Sie etwa an die klassische Tätigkeit eines Makler- oder AO-Betreuers. Bisher besucht er oder sie täglich zwei oder drei Vermittler, jeden davon ein- oder zweimal im Jahr. Ganz ähnlich der Vermittler mit dem Endkunden. Telefonate, Mails und Besuche prägen die Kommunikation. Diese Arbeitsweise ist jedoch veraltet und sehr teuer.

Machen Sie es besser! Die digitalen Kanäle bieten umfassende Möglichkeiten, um nachhaltiger und effizienter zu kommunizieren. Per Video-Content (nicht nur Videotelefonie) sorgt der Vermittlerbetreuer für eine dauerhafte Präsenz bei seinen Partnern und kann aufgrund der höheren Frequenz seine Inhalte deutlich besser verankern. Er „besucht" dann täglich

alle 50 bis 350 Vertriebspartner. Zudem kann er viel mehr Kollegen betreuen. Ähnlich sieht es beim Vermittler aus. Anstatt bei 4 bis 5 Terminen pro Tag oder Woche gelangt er fast jeden Tag auf das Radar von hunderten oder tausenden Kunden. Und wir wissen, dass mehr Kontaktpunkte im Vertrieb die Kaufwahrscheinlichkeit enorm steigern.

Unsere Erfahrung zeigt zudem, dass Vermittler kaum auf Inhalte ansprechen, die von der zentralen Marketingabteilung oder von Werbeagenturen nach veralteten Sehprinzipien produziert wurden. Stattdessen reagieren Vermittler und Endkunden vor allem auf Material, das ihre Betreuer oder Vermittler für sie produziert haben. So bietet die Kombination von traditionellem Vertriebsmanagement und Attention Hacking den Schlüssel zur Skalierung der Touchpoints mit den eigenen Vermittlern und Endkunden.

Vorstände und Führungskräfte können mittels Social Media sehr gut deutlich machen, wofür sie stehen und wohin die Reise gehen soll – und so auch den Mittelbau umgehen, der manchmal Projekte blockiert oder verwässert. Denn die Botschaften kommen unternehmensweit an und beschränken sich nicht auf die Meetings mit der nächsten Führungsebene. Allerdings zeigt die Erfahrung, dass viele Vorstände Mediencoaching benötigen. Zu groß ist die Gefahr, mit einem ungeschickten Post unerwünschte Nebenwirkungen auszulösen. Außerdem sollten Vorstände vor allem am Anfang selbst posten. Nur so entwickelt sich ein Gefühl für die Kanäle und Authentizität ist DIE Währung als Influencer. Es spricht nichts dagegen, später die Mitarbeiter damit zu betrauen.

Einer der weltweit bekanntesten Social Media Stars und erfolgreicher Serienunternehmer und Investor, Gary Vaynerchuk (wer ihn nicht kennt, sollte ihn googlen und mindestens 3 seiner aktuellsten Podcasts oder Vlogs konsumieren) riet Entscheidern und Vermittlern in der Assekuranz in einer unserer Sendungen: „Investiert selber Zeit darin, neue Apps und Voice-Skills auszuprobieren und produziert selber Inhalte, damit ihr wirklich versteht wie es funktioniert und ihr nicht von Hörensagen Technologie beurteilt, sondern aufgrund eurer handfesten Erfahrung."

Wie Sie als Entscheider direkt Gehör finden – umgehen Sie Bremser

Netter Nebeneffekt: Gefragte Fachexperten verstärken Versicherer

In einem Kundenprojekt stellten wir fest, dass es der Geschäftsführung schon nach wenigen Monaten Positionierung auf Social Media gelang, Menschen für das Unternehmen und sein Transformationsprojekt zu begeistern, die vorher kaum zu einem Versicherer gewechselt wären. Darunter befanden sich auch heiß begehrte IT- und Business-Intelligence-Kräfte.

Ferner unterstützt eine solche Positionierung, gepaart mit ernsthaften, internen Change-projekten auch langjährige Mitarbeiter, die ebenfalls das Unternehmen voranbringen möchten.

Meta-Strategie für Marketing-Verantwortliche

Bisher ging es um die individuellen Attention-Hacking-Prinzipien für Vermittler, Entscheider und Verantwortliche im Marketing. Fehlt noch die Ebene der Positionierung von Versicherern ganz allgemein. So gilt zunächst einmal, dass Social-Media-Aktivitäten immer international ausgerichtet sein sollten – auch wenn ein Versicherer nur in Deutschland aktiv ist. Ich nenne diese Strategie „über Bande spielen". Denn leider halten sich die Nutzer hierzulande sehr zurück mit positivem Feedback. Ganz anders sieht es im Rest der Welt aus. Dort erhalten Sie deutlich häufiger positive Berichterstattung. Irgendwann ist Ihre mediale Präsenz bei einem Thema international so groß, dass auch deutsche Journalisten und Marktbeobachter bei Ihrem Thema nicht mehr an Ihnen vorbeikönnen, auch wenn Sie damit die traditionelle Hierarchie in Frage stellen.

Eine besondere Rolle spielen entscheidende Multiplikatoren im Hintergrund und diese sind häufig international. Wenn diese Sie kennen und schätzen, berichten sie vor und hinter den Kulissen positiv über Sie. Produzieren Sie deutsch- und englischsprachige Inhalte, der Mehraufwand zahlt sich definitiv aus!

Themen sind (k)eine Mangelware, wir sitzen darauf!

In diesem Kapitel erfahren Sie:

- Dass Sie sich auf Ihre Wurzeln besinnen sollten.
- Warum Sie Ihr Wissen über die Menschen nutzen können.
- Dass es ganz logische Antworten auf Ihre zentralen Fragen gibt.
- Welcher Schatz in Ihrem Haus begraben liegt.
- Warum Sie sich etwa mit Robert Kyosaki beschäftigen sollten.
- An welche Geschäftsfelder Sie noch gar nicht gedacht haben.

Finden die Leute Versicherungen sexy? Nein! Deshalb müssen wir Inhalte produzieren, die auf den ersten Blick nichts damit zu tun haben. Lassen Sie uns auf Themen wie Lifestyle, Mobilität oder Sicherheit fokussieren! Lassen Sie es uns anpacken.

Wer hilft, dem wird geholfen!

Die Versicherungswirtschaft verfügt über eine ungeheure Stärke, die wir häufig vergessen. Wir besitzen ein enormes Wissen zu Themen, die unsere Kunden täglich interessieren: mit Informationen rund um Gesundheit, Vermögen, und Finanzen könnten wir den Menschen helfen. Allerdings vergraben wir dieses Wissen in den Tiefen unserer Organisationen und vergessen, es mit unseren Kunden in geeigneten Formen und Kanälen zu teilen.

Machen Sie den Hilfegedanken zur Leitlinie Ihres Handelns – egal ob auf Unternehmensebene oder als einzelner Vermittler, Agenturist oder Entscheider der Branche. Denn damit erfüllen Sie die wichtigste Bedingung für Erfolg beim Attention Hacking: Sie teilen Ihr Wissen. Auf diese Weise können Sie sich im Bewusstsein Ihrer Zielgruppen verankern und sind beim nächsten Bedarf präsent. Damit Sie tatsächlich Hilfestellung leisten können, müssen Sie jedoch vier zentrale Fragen beantworten, die Sie wahrscheinlich aus ihrer täglichen Marketingpraxis kennen:

1. **Was bewegt Ihren Kunden?** Welche privaten und beruflichen Themen treiben Ihre Kunden um? Schauen Sie auf Social Media, worüber sich Ihre Kunden unterhalten. Analysieren Sie die Appstores, welche Apps am häufigsten heruntergeladen werden (etwa bei appannie.com) und finden Sie heraus, welche Artikel die meisten Klicks erhalten. Sie werden feststellen, dass sich die Menschen sich stark für unsere Themen interessieren. Sie identifizieren uns nur nicht mit ihnen.

2. **Auf welchen Kanälen befindet sich die Aufmerksamkeit Ihrer Zielgruppe(n)?** Pflegen Sie einen realistischen Blick auf die Kanäle und stoppen Sie alle Investments in Kanäle und Formate, die Ihre Zielgruppen heute nicht mehr signifikant konsumieren. Dies gilt beispielsweise für Fernsehen oder Facebook. Sie wollen junge Neukunden oder Bestandskunden ansprechen? Dann müssen Sie die Kanäle und Formate nutzen, die Ihre Zielgruppen heute konsumieren. Es ist so einfach.

3. **Wie kommen Sie an diese Aufmerksamkeit heran?** Zwei Themen interessieren Menschen: Information und Unterhaltung. Mit den Produktinformationen einer Versicherung werden Sie keinen Blumentopf gewinnen! Denn das neueste Feature der Lebensversicherung beantwortet nicht die Frage, bis wann ein Mensch noch arbeiten muss. Wir müssen erstens Inhalte liefern, die die Kunden interessieren. Zweitens wollen Menschen unterhalten werden – warum nicht durch uns? Stromberg war ein Erfolg, das spricht für uns.

4. **Welches Format eignet sich dafür?** Niemand liest 80-seitige Whitepaper oder ellenlange AVBs. Menschen bevorzugen leicht verdauliche und kurze Inhalte, die schnell zur Sache kommen. Der meistgenutzte Button bei Netflix ist „Vorspann überspringen." Zudem sollte das Format zu Ihrer Zielgruppe passen. Orientieren Sie sich bei der Entwicklung von Formaten NICHT an der eigenen oder benachbarten Branche, sondern an den aktuellen Medienstars und Medienformaten, die erfolgreich sind.

Attention Hacking funktioniert
Wir haben einige große Industrie-
Accounts gewonnen – darunter
auch Global Player wie IBM, weil
wir im Moment des Bedarfs im
Bewusstsein der Entscheider wa-
ren. Wir befanden uns als junger
Akteur plötzlich auf Shortlists,
umgeben von traditionellen Be-
ratungshäusern. Viele Entscheider
wollten den jungen Wilden mal
eine Chance geben. Diese haben
wir dann zur Etablierung genutzt.
Wir kamen aber auch deshalb zum
Zug, weil wir mit der spezifischen
Lösung eines Problems identi-
fiziert wurden. Dies haben wir
geschafft, weil wir kontinuierlich
in den relevanten Kanälen Präsenz
zeigen und unsere Lösungsansätze
und erfolgreichen Use Cases
inner- und außerhalb der Industrie
darlegen. Dabei schreiben wir
nicht nur Fachartikel, sondern ver-
packen dieses Wissen in tausende
Grafiken, Podcasts, Videos und
Text-Posts auf Social Media und
Newsletter – und zwar kostenlos.

Attention Hacking besteht hauptsächlich darin, anderen Menschen kostenlos zu helfen und kein Geheimwissen für sich zu behalten. Natürlich wird es Menschen geben, die dieses Wissen gern aufnehmen, anwenden und damit erfolgreich sind. Das ist auch uns häufig passiert und es ist okay. Aber viele wünschen sich ganz konkrete Unterstützung bei der Anwendung der Prinzipien auf ihren ganz konkreten Fall und bei der Implementierung. Dann kommen die Entscheider auf uns zu. Dieses Prinzip lässt sich in Richtung Endkunden nutzen, um letztlich mehr oder neues Geschäft zu generieren – indem Sie beispielsweise Ihre Community durchgehend unterstützen.

Deshalb ist es für mich selbstverständlich, Wissen und Tipps kostenlos weiterzugeben. Diese Art von Investment amortisiert sich und viele Verkäufer kennen das Prinzip dahinter. Menschen bevorzugen bewusst und unbewusst Geschäfte mit Personen, denen sie vertrauen und die sie mögen. Und Menschen mögen andere, die ihnen selbstlos helfen und kommen im Moment des Bedarfs auf sie zurück. Dieses Prinzip hilft der Assekuranz umso mehr, weil sie sich in Gebieten auskennt, bei denen bei vielen Menschen Hilfe benötigen. Dazu gehören:

- **Körperliche Fitness**: gesund und lange Leben.
- **Finanzielle Fitness**: Vermögen aufbauen, managen und erhalten.
- **Familiäre Fitness**: Familie und die Liebsten beschützen.
- **Spirituelle Fitness**: Emotionale Sicherheit und psychische Gesundheit.

Auch wenn es Ihnen weit hergeholt erscheint, die Hausratversicherung hat sehr viel mit dem Vermögenserhalt zu tun. So wissen wir zum Beispiel, welche Tätigkeiten oder Situationen gefährlich sind und zu Schäden führen. Klären Sie Ihre Follower darüber auf und helfen Sie dabei, Versicherungsfälle von vornherein zu vermeiden!

Finanzielle Freiheit – eine Chance für die Industrie

Versicherer können in einem zentralen Bereich des Lebens mit Know-how dienen: sie kennen die Strategien hinter Geld, Vermögensaufbau und -erhalt, sicheren Anlagen oder der finanziellen Freiheit. Sie wissen genau, wie und warum Menschen vermögend werden. Auch hier bieten sich zahlreiche Anknüpfungspunkte, um der Öffentlichkeit hilfreich zur Seite zu stehen – zumal ein großer Bedarf besteht! Schließlich pilgern die Menschen in Massen zu Robert Kyosaki, Bodo Schäfer oder Grant Cardone. Warum holen Sie sich keine Anregungen bei derart erfolgreichen Geschäftsmodellen und beraten Ihre Kunden?

Zum Glück beginnen bereits einige Versicherer in Deutschland damit, die vorhandenen Chancen zu nutzen. Sie benutzen ihr umfangreiches Wissen dazu, der Begleiter der Kunden zu sein. Diese Möglichkeit besteht unabhängig von Vermögen, familiärer und beruflicher Situation, Alter oder anderen Rahmenbedingungen. Wir können fast allen Menschen dabei helfen, ihre Ziele zu erreichen. Unsere Branche kann ein Partner in Bereichen wie Sicherheit, Lebensgestaltung und Vermögen werden, so wie es Amazon beim Shopping und Apple beim Handy sind.

Eine solche Strategie der Begleitung verankert die Versicherer kontinuierlich im Hinterkopf der jeweiligen Zielgruppen. Mit Hilfe wertvoller Informationen gewinnen wir Aufmerksamkeit. Deshalb müssen wir uns überlegen, wie wir helfen können. So gewinnen wir Vertrauen zurück und damit auch Zukunftschancen. Zwar sollen Versicherer weiterhin Produkte verkaufen, die Motivation dazu muss sich jedoch vollständig verändern. Wir brauchen ein neues Selbstverständnis! Mit den richtigen Inhalten und der Präsenz in den geeigneten Kanälen und Formaten kann sich die Assekuranz zum strategischen Lebensbegleiter der Menschen entwickeln.

Schadenprävention statt Schaden-regulierung – oder: Leben retten.

Schäden kosten uns viel Geld. Warum ändern wir dies nicht? Durch das umfassende Wissen der Versicherungswirtschaft können wir den Kunden dabei helfen, Schäden zu erkennen, bevor sie überhaupt auftreten. Warum befähigen wir die Verbraucher nicht dazu, weniger Schäden anzurichten? Die Assekuranz kennt die Gefahren beim Umgang mit Technik, beim Verhalten in der eigenen Wohnung oder der Bewegung auf der Straße. Sogar zur Gesundheit finden sich Daten ohne Ende in den Archiven der Versicherer. Wer diese Informationen zielgerichtet verbreitet und seinen Kunden wirkliche Hilfestellung gibt, wird nicht nur offene Ohren finden, er drückt garantiert

auch langfristig seine Schadenquote. Selbstverständlich eignen sich diese Themen hervorragend für eine ausgedehnte Kampagne auf allen verfügbaren Social-Media-Kanälen. Mehr noch, sie lassen sich sogar ausgesprochen unterhaltsam aufbereiten, so dass hohe Klickzahlen zu erwarten sind. Dazu kommt: Schadenregulierung ist der Moment der Wahrheit für die Beziehung zwischen Kunde und Versicherer. Wer aufgrund geringerer Ausgaben Kulanz zeigen kann, gewinnt langfristig.

Dauerhaft auf dem Radar – 10 Schritte zur Aufmerksamkeit

Nun kommen wir zum praktischen Teil. In 10 ganz konkreten Schritten zeigen wir ihnen, wie Sie als Vertriebler, Entscheider und Marketingverantwortlicher die oben beschriebenen Prinzipien ganz konkret intern umsetzen, um Ihr zentrales Ziel zu erreichen: sich dauerhaft auf dem Radar des Kunden etablieren. Dazu sollten Sie schrittweise vorgehen, wie wäre es mit zehn einfachen Schritten?

1 Legen Sie (unrealistische) Ziele fest.

2 Starten Sie richtig.

3 Zeigen Sie Engagement.

4 Nutzen Sie die geeigneten Formate.

5 Nehmen Sie Ereignisse zum Anlass.

6 Befahren Sie die richtigen Kanäle!

7 Posten Sie viel und werden Sie zur Content-Maschine!

8 Machen Sie Ihre relevanten Influencer ausfindig.

9 Bauen Sie Social Media in Ihren Alltag ein!

10 Bauen Sie einen wirksamen sales funnel auf!

71

Schritt 1: Legen Sie (unrealistische) Ziele fest.

Social Media, Internet und Attention Hacking sind – wie erwähnt – keine Selbstzwecke. Sie sind Instrumente zur Erreichung eines Zieles. Allerdings ergibt die Anwendung all dieser Prinzipien keinen Sinn, wenn die übergeordneten Ziele fehlen. So können Beispielziele aussehen:

Kernziele:
• Umsatzwachstum
• Profitabilitätssteigerung

Die Erhöhung der Quantität und Qualität von Kontaktpunkten mit Kunden und Partnern führt zu einer gesteigerten Aufmerksamkeit der Zielgruppen. Diese erhöhte Aufmerksamkeit führt dazu, dass Kunden und Partner im Moment des Bedarfs an Ihr Unternehmen denken. Dies wiederum erhöht Umsatz und Profitabilität, da diese Art von Marketing und Vertrieb digital skalierbar ist. Und im Gegensatz zu früher löst die gesteigerte Aktivität kein lineares Kostenwachstum aus, bei Umschichtungen bestehender Budgets kann es sogar zu einer übergeordneten Kostensenkung kommen.

Attention Hacking potenziert die Touchpoints des Unternehmens mit seinen Kunden

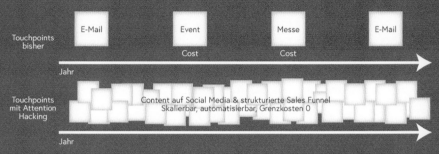

Diese erhöhte Kommunikationsdichte durch mehr und moderne Kommunikationsinhalte führt zu schnelleren, kürzeren und erfolgreicheren Verkaufszyklen und einer höheren Durchdringung des Marktes

Ergänzungs- & Teilziele:
- Gewinnung neuer Mitarbeiter: Employer Branding
- Gewinnung neuer Vertriebspartner
- Gewinnung neuer strategischer Partner
- Steigerung der Markenbekanntheit
- Darstellung und Wahrnehmung als moderne und frische Marke

Attention Hacking beflügelt Umsatz
Eine der stärksten Marken- und
Vertriebsveränderungen in den
letzten Jahren hat sicherlich die
Lebensversicherung von 1871
implementiert. Auf der Branchen-
messe DKM 2018 erkannten die
Besucher den Stand aufgrund der
radikalen Markentransformation
kaum wieder. Diese Repositionie-
rung leitete einen übergeordneten und ganzheitlichen Transforma-
tionsprozesses ein.
Wenig später galt die altehr-
würdige Versicherung als eine
der frischesten Marken am Markt.
Dieses neue Image wirkte sich
wiederum auf die Anbindung von
Partnern sowie der Gewinnung
neuer Mitarbeiter und Kunden aus.
Mittlerweile liefert die LV1871
regelmäßig ein Wachstum gegen
den Markttrend ab – in einer
eigentlich krisengeplagten Sparte.

Dazu Thomas Heindl, Leiter Be-
reich Marketing und Unterneh-
menskommunikation, LV 1871:
Warum habt ihr euch entschlos-
sen, als Teil eines großen Trans-
formationsprozesses eure Marke
zu modernisieren – vom Branding
bis zur Betreuung von Maklern?

Die Frage trifft den Kern unserer
strategischen Ausrichtung. Marke
ist heute nicht mehr nur Marke.
Die Grenzen zwischen Marketing
und Vertrieb verschwimmen durch
die Digitalisierung immer stärker.
Daher ging es nie nur darum, die
Marke zu re-positionieren, sondern
darum, die Basis für die vertriebli-
che Transformation zu legen. Mit
der konsequenten digitalen Aus-
richtung der Marke konnten wir
zugleich eine veränderte Form des
B2B2C Vertriebs auf den Weg brin-
gen, die stärkere Digitalisierung
der Interaktion zwischen Vertrieb
und Geschäftspartner bis hin zum
Social Selling.

Wie einwickelte sich der Umsatz
der letzten Jahre?
Wir konnten über die letzten 3
Jahre ein signifikantes Wachstum
im Neugeschäft verzeichnen. Im
Geschäftsjahr 2020 konnte die
Beitragssumme des Neugeschäfts
entgegen dem Markttrend weiter
gesteigert werden (+ 8,8 Prozent
gegenüber Vorjahr). Die gebuchten
Bruttobeiträge sind um + 3,6 Pro-
zent gestiegen. Die laufenden
Beitragseinnahmen wachsen um
1,8 Prozent.

Zu Beginn von Projekten überrascht mich mitunter, dass einige meiner Kunden keine übergeordneten Ziele oder Visionen neben ihren konkreten Vertriebszielen definieren. So wissen Mitarbeiter und Partner nicht, woran sie sich orientieren sollen. Die Definition von Zielen ist kein Hexenwerk und deshalb bietet sich ein einfacher Ablauf an:

1. Lassen Sie vorab eine detaillierte und schonungslose Analyse der IST-Situation (inkl. Stärken und Schwächen) von außen durchführen mit internen und externen Interviews, Audit von Außenauftritten, Unterlagen und internen Plänen.

2. Holen Sie Expertise von Dritten ein – etwa von den angesehensten und mit uns befreundeten Versicherungsexperten rund um den Globus, denen wir den Case anonymisiert oder auch offen präsentieren und die wir um ihre Meinung bitten.

3. Definieren Sie gemeinsam mit uns in Workshops auf breiter Datenbasis Ziele. Hierbei geht es nicht um das Malen von Feigenblättern oder Wünsch-dir-Was. Es geht darum, unrealistische Ziele und Visionen zu definieren, welche die Organisation motivieren, das Undenkbare zu denken und das Unmögliche auszuprobieren.

4. Formulieren Sie konkrete Projekte und Maßnahmen zur Erreichung dieser Ziele. Ich bin immer wieder überrascht, dass die Schritte umso unverbindlicher geplant werden, desto höher in der Hierarchie wir diesen Prozess durchführen. Jede Planung benötigt jedoch realistische und verbindliche Deadlines und Verantwortliche.

5. Beginnen Sie mit der Umsetzung. Kontinuierliches Pushen und Supporten sind die mit Abstand wichtigsten Punkte, damit der Wandel wirklich stattfindet.

Unrealistische Ziele setzen Kräfte frei.
Einer unserer Kunden, ein traditionelles Versicherungsunternehmen, rief intern ein unrealistisches Ziel aus: Verdopplung des Umsatzes innerhalb von 5 Jahren.
Zuerst waren die Mitarbeiter geschockt, dann wurden jedoch Kräfte freigesetzt. Denn nun ließ sich jede Entscheidung danach abklopfen, ob sie zur Erreichung dieses Zieles beiträgt oder nicht.

Schritt 2: So starten Sie richtig.

Bevor Sie selbst posten, sollten Sie die für Sie relevanten Kanäle genau anschauen und das Verhalten Ihrer Zielgruppen studieren. Nehmen Sie sich Zeit dazu und machen Sie sich Notizen! So starten Sie richtig:

1. Beobachten Sie einige Tage/Wochen intensiv, welche Inhalte die Akteure posten.
2. Analysieren Sie, welche Inhalte erfolgreich sind und was weniger gut ankommt.
3. Beobachten Sie Ihre eigene Reaktion auf die Posts und schreiben Sie die Gründe dafür auf.
4. Finden Sie heraus, wer die Meinungsführer und Multiplikatoren sind.
5. Versuchen Sie, so etwas wie die vorherrschende Meinung zu ergründen.

Bei diesen Aufgaben handelt es sich um kein Hexenwerk. Es geht darum, ein Gefühl für die Gepflogenheiten sowie die Vorlieben des Kunden zu entwickeln. Kennen Sie „Ihre" Kanäle gut genug, können Sie selbst beginnen.

Das beschriebene Procedere gilt auch für Personen, die bereits einige Kanäle erfolgreich bespielen und in einem weiteren aktiv werden möchten. TikTok ist so ein Fall. Auch wir als langjährige Profis mussten neu lernen. Doch egal! Immer geht es darum, sich den zusätzlichen Kanal systematisch anzuschauen.

Nähkästchen: Einfach hochladen! Wir machen auch Fehler. Mehrere Monate lag mir Gary Vaynerchuk in den Ohren, endlich mit TikTok zu starten. Ich tat es nur halbherzig. Dann bekniete mich mein Team. Anstatt mich intensiver damit auseinanderzusetzen, brachte ich die gleichen Argumente wie die greisen Entscheider der Branche. Ich war auf der falschen Seite. Also starteten wir im Sommer 2020 eine strukturierte Offensive.

Zuerst luden wir einige Videos aus anderen Kanälen hoch. Super, so eine Zweitverwertung! Zeit gespart! Ganz schnell haben wir gemerkt, dass Reaktionen und Reichweite ausbleiben. Die vorhandenen Filme funktionieren nicht auf der neuen Plattform.

Wer die kanalspezifischen Besonderheiten ignoriert, erleidet auch mit gutem Content Schiffbruch. Seitdem wir Filme explizit für TikTok konzipieren oder vorhandene anpassen, klappt es auch mit den Views und den Likes. Machen Sie nicht unseren Fehler, agieren Sie jeweils kanalspezifisch!

Verlieren Sie keine Zeit!

Der größte Fehler meiner beruflichen Laufbahn war, von der Idee zu Digitalscouting bis zum Start meiner Firma sieben Jahre zu warten. Ich habe mich immer gefragt, ob ich das Projekt umsetzen soll, was die Anderen darüber denken, wie erfolgreich es werden könnte und vieles mehr. Vermeiden Sie diese Fehler und legen Sie jetzt los! Sie wissen bereits mehr als genug, deshalb:

Legen Sie das Buch weg und verfassen Sie jetzt zwei oder drei Posts!

Machen Sie doch ein Selfie mit diesem Buch, schreiben einen (hoffentlich) positiven Kommentar dazu und posten es auf einem für Sie wichtigen Kanal. Schreiben Sie auch gern ein Review auf Amazon. Danke! Vielleicht brennt Ihnen auch etwas anderes auf der Seele, dann verarbeiten Sie diesen Gedanken! Hauptsache, Sie beginnen jetzt und bekommen das positive Gefühl, den ersten Schritt gegangen zu sein.

Ich meine es wirklich ernst. LEGEN SIE DAS BUCH WEG und posten Sie JETZT.

Ehrlich! Wirklich ehrlich. Kein Scherz.

Sie werden mir später danken. (Mit einem Dinner in der Trattoria Calabria in Hamburg-Eimsbüttel oder einer Flasche Gin kann man mir eine Freude machen.)

Nutzen Sie das Momentum
Noch mit dem Hochgefühl vom ersten Post im Bauch, sollten Sie gleich einen Plan erstellen. Was wollen Sie in den kommen drei Tagen posten? Welche konkreten Themen oder Ereignisse eignen sich dafür? Auch hier bieten sich die bekannten Schritte an:

1. Kommentieren, teilen oder liken Sie den Content anderer – vor allem von Influencern,
2. erstellen Sie eigene Inhalte und
3. arbeiten Sie darauf hin, dass andere Nutzer Ihren Content verbreiten.
4. Erstellen Sie eigene Contentformate, in denen Sie Dritte interviewen – diese lassen sich übrigens auch vertrieblich nutzen.

Sollten Sie in einem Konzern arbeiten, verzichten Sie bitte auf das jahrelange Ausarbeiten von Strategien! Sonst geht es Ihnen wie vielen aus der Branche: 15 Jahre denken Sie über Facebook nach und gehen dann live, wenn die Plattform längst ihre Attraktivität verloren hat und organisch tot ist. Die sozialen Medien sind schnelllebig, richten Sie Ihre Arbeit danach! Mittlere und kleinere Akteure haben es leichter. Existiert eine gute Führung, können sie ohne ausufernde Abstimmungsrunden starten.

Noch zwei überlebenswichtige Tipps:
Fehler 1: Attention Hacking geht nicht nebenbei. Der strategische Einsatz neuer Kanäle in unserer Industrie scheitert häufig daran, dass die Präsenz von Oben entschieden wird, aber die Mitarbeiter auf operativer Ebene das „bisschen Posten" nebenbei machen sollen. Jeder Entscheidungsträger sollte wissen, dass die Erstellung guter Inhalte und ihre smarte Veröffentlichung ein neuer Bestandteil der Kerntätigkeit in Betrieb, Stab und Vertrieb ist. Oder um es mit den Worten eines Schweizer

Vertriebsvorstandes zu sagen: „Wir stellen niemanden mehr ein, der das nicht gerne macht und kann – ganz egal, was er bisher vertrieblich geleistet hat."

Fehler 2: Selbst hochmotivierte Mitarbeiter werden rückfällig. Dies geschieht dann, wenn ihr operatives und zielgeprägtes Tagesgeschäft sie auffrisst. Daher sollten Führungskräfte für ihre Mitarbeiter und für sich klar definieren, wie viele Stunden pro Woche und Tag auf diese neue Tätigkeit verwendet werden soll. Ohne einen Blocker im Kalender geht es nicht.

Streichen Sie es sich rot
an im Kalender!
Einem unserer internationalen
Kunden halfen wir in einer für
Bancassurance verantwortlichen,
operativen Vertriebseinheit.
Das Ziel: Kontaktfrequenz und
Kontaktqualität zwischen Ver-
sicherer und dem zuständigem
Vertriebsteam und den Bankange-
stellten durch digitalen Content
zu erhöhen. Auch wenn Führungs-
kräfte und Mitarbeiter spürbar
für das Projekt brannten, drohte
es mehrmals zu scheitern. Im voll-
gepackten Vertriebsalltag fand
sich keine Zeit, um die gemeinsam
produzierten Inhalte in die Ban-
ken zu tragen.

Die Lösung: Wir blockten Zeiten
für Koordination und Kommuni-
kation in allen Kalendern. Denn
Attention Hacking geht nicht
nebenher, sondern verändert die
Art und Weise unserer Arbeit.

Schritt 3: Engagement – Ihr Weg in die Community

Super, Sie kennen Ihre Ziele und Sie haben zumindest einen Probelauf gemacht. Jetzt geht es schon etwas mehr ans Eingemachte, wir schauen uns die verschiedenen Akteure in den sozialen Medien näher an. So lassen sich grob zwei verschiedene Gruppen unterscheiden:

1. **Akteure und Multiplikatoren**
   Immer existieren engagierte Menschen, die Meinungen in einer bestimmten Community prägen. Viele von ihnen sind nicht unbedingt Zielkunden – im Gegenteil, sie werden niemals etwas kaufen. Aber sie beeinflussen die Kaufentscheidungen unserer Zielgruppen.

2. **Zuschauer und Konsumenten**
   Behalten Sie auch diejenigen User im Blick, die lediglich konsumieren. Starten diese jedoch zaghafte Kommunikationsversuche, leisten sie ausgesprochen wichtige Beiträge und entwickeln eine Beziehung zu den Akteuren – also potenziell auch zu Ihnen. Auch wenn sich diese Gruppe wenig äußert, Ihre Arbeit kann sich dort richtig auszahlen.

TikTok nur für die Jungen? Von wegen!
Ich saß mit dem Vertriebschef eines großen deutschen Versicherers und seinen Vertriebsleitern zusammen. Wir diskutierten, wie wir mehrere tausend Vertriebsmitarbeiter zu Micro-Influencern machen könnten. Am Ende des Gesprächs meinte ein Gesprächsteilnehmer: „Jetzt weiß ich, woher ich Sie kenne. Sie sind auf TikTok!" Er hatte dort meinen Content konsumiert – jedoch nie einen Kommentar geschrieben oder sich zu erkennen gegeben. Er war bloß Zuschauer. Trotzdem führte meine Aktivität dazu, dass er Positives mit mir assoziierte. Und in einem nicht unrelevanten B2B-Vertriebsgespräch mit Entscheidern 40+ und 50+ war die Präsenz auf einer Social-Media-Plattform plötzlich ein Pluspunkt. Allein das Ergebnis dieses Gespräches amortisierte die gesamte Investition in die Entwicklung unseres TikTok-Kanals.

Wer unverfängliche, witzige oder unterhaltende aber noch immer fachlich relevante und fundierte Inhalte veröffentlicht oder teilt, erhält in der Regel mehr Rückmeldung. Auf diese Weise fällt es leichter, in einen echten Austausch zu treten und eine substanzielle Beziehung zu den Menschen aufzubauen. So bedeutet Engagement nichts anderes, als aktiv eine Beziehung zu Mitgliedern, Akteuren und Multiplikatoren aufzubauen.

Wichtig: es geht nicht per se darum, diese Personen zu Kunden zu machen! Vielmehr soll die Community Sie als verlässlichen Ansprechpartner und Experten bei bestimmten Themen wahrnehmen. Und dieses Ziel sollten Sie bei Akteuren und Zuschauern anstreben!

Gerade in unserer Branche ist die Zweiteilung zwischen Influencern und Zuschauern oftmals sehr zementiert, viele Menschen halten sich dauerhaft zurück. Grundsätzlich stellen wir aber fest: Die Anzahl der Views im Finanz- und Versicherungsumfeld fällt vielfach sehr hoch aus, es springen häufig jedoch nur sehr wenige Likes oder Shares dabei heraus. Geht es um Kleidung, Sport, Technik oder ähnliches, kann man mit erheblich mehr Aktivität rechnen. Allerdings ist dies kein Grund zu verzagen.

Die logische Folge:

Erweitern Sie Ihr Themenspektrum auf Info- und Entertainment!

*Klaus Hermann, Versicherungs-
makler und Deutschlands Ver-
sicherungsentertainer Nummer 1
Wie kein anderer verbindest du
Versicherungsthemen und Humor
in Deutschland. Wie passt diese
Paarung zusammen?*
Das passt sehr gut! Ich unterhalte
zum einen die Kolleginnen und
Kollegen der Branche in Form von
Vorträgen, Videos, Moderationen
und Kabarett. Viele genießen es,
wenn der Branche der sprichwört-
liche Spiegel vorgehalten wird.
Humor ist Wahrheit und Schmerz.
Warum sollte man da vor der Versicherungsbranche Halt machen?
Für die Menschen außerhalb unserer Zunft wirkt es meiner Über-
zeugung nach sympathisch, wenn
sich die Versicherungsindustrie
selbst nicht zu ernst nimmt.

*Dürfen Vermittler und Versicherer
humorvollen Content veröffentlichen?*
Oh, ja. Unbedingt. Wobei die
Grenzen des guten Geschmacks
natürlich einzuhalten sind. Sich
über Versicherungsfälle der Man-
danten per Facebook Video lustig
zu machen, bringt vermutlich
einen fetten Shitstorm. Eigene
Missgeschicke und Lustiges aus
dem Büro vermitteln dagegen
Menschlichkeit und Nähe. Aber,
Achtung: nicht jeder ist als Clown
auf die Welt gekommen. Wie immer sollte das, was man tut, dem
Naturell entsprechen und nicht
antrainiert wirken.

*Was rätst du Versicherern und
Vermittlern?*
Seid mutig, anders und über-
raschend. Probiert aus, denkt
das Unmögliche und geht kleine
Schritte, aber immer voran. Nehmt
unsere Branche selbstverständlich wichtig, aber euch selbst
nicht zu ernst. Habt und vermittelt Spaß bei der Arbeit und seid
ernst in der Sache.

Themen für Versicherer und Verantwortliche im Marketing

Geeignete Themenbereiche für die Assekuranz habe ich bereits vorgestellt, hier geht es nun darum, sie konkret auf einzelne Akteure herunterzubrechen. Selbstverständlich müssen wir auch auf Ebene der Industrie als Ganzes solche Themen adressieren, welche die Menschen wirklich bewegen und unser für sie relevantes Wissen teilen.

- Lebensversicherer könnten sich in die Debatte um finanzielle Freiheit und den Aufbau, Erhalt und Ausbau von Vermögen einschalten. Warum helfen Versicherer ihren Kunden nicht dabei, langfristig Vermögen aufzubauen und Verhaltensweisen und Strategien anzuwenden, die dies ermöglichen? Wir sind schließlich seriöser als der Großteil der Business- und Schnell-Reich-Werden-Gurus. Die erreichen aber Millionen.
- Sachversicherer könnten noch stärker ihr Wissen und ihre Technologie zur Prävention von Schäden in Haus, Firma und Auto zur Verfügung stellen. Warum schickt mir mein Versicherer keine Nachricht, wenn ein Sturm aufzieht, so dass ich meinen Wagen in die Garage fahren sollte? Das würde auch der Schaden-Kosten-Quote guttun.
- Krankenversicherer und Krankenkassen können sich zunutze machen, dass Fitness, Gesundheit und Wellness boomen. Erste Versicherer wie etwa die Deutsche Familienversicherung besetzen diese Themen, indem sie relevante und auf die Bedürfnisse der Kunden abgestimmte Inhalte veröffentlichen. Beim Thema Zahnpflege und Zahnerkrankungen kommt an den Artikeln der DFV im Internet keiner mehr vorbei. Diese Praxis könnte die Industrie noch deutlich ausweiten. Warum sollte nicht das beste Fitness-, Wellness-oder Abnehmprogramm von einem Krankenversicherer stammen?
- Versicherer als Arbeitgeber: Versicherer klagen immer wieder darüber, nicht ausreichend Nachwuchs oder Fachexperten gewinnen zu können. Wer als Versicherer seine Mitarbeiter authentisch zu Wort kommen lässt und die Inhalte zielgruppen- und kanalgerecht in spannende Formate gießt, kann sich auch als Arbeitgeber positionieren.
- Marke: Neben den ganz konkreten Geschichten lässt sich durch die systematische Anwendung von Attention Hacking auch eine übergeordnete Branding-Meta-Story etablieren. Wer kontinuierliche, relevante und authentische Inhalte produziert, wird nicht nur seine Zielgruppen erreichen. Wer weiter geht, als der Rest der Industrie, wird von Markt, Medien und Industrie moderner, frischer und zukunftssicherer wahrgenommen.

Und diese Strategien funktionieren, schließlich kennt jeder von uns solche Versicherer und Vermittler, die überproportional im Verhältnis zu ihrer Größe im Markt präsent sind. Alle haben gemeinsam, dass sie auch überdurchschnittlich kommunizieren sowie neue Formate und Kanäle wählen. Sie tun Dinge anders und öfter als der Durchschnitt.

Themen für Vermittler

Ob Großmakler, große AO-Agentur oder Einzelvermittler: jede Vertriebseinheit kann sich gezielt mit spezifischen Themen und passenden Formaten sowie dauerhaft auf dem Radar ihrer Zielgruppen etablieren. Dabei haben sie vier entscheidende Vorteile im Gegensatz zu Versicherern:

- Vermittler müssen nicht Millionen von Menschen erreichen. Stattdessen genügt oftmals der Kontakt zu wenigen hundert oder tausend Menschen in der Region oder im Segment, um für ein stetiges Neugeschäft zu sorgen.
- Selbständige Vermittler besitzen mehr Freiheit, auch ganz persönliche Inhalte zu teilen und so Privates und Berufliches zu vermischen.
- Aufgrund ihrer Unabhängigkeit können Vermittler fast ohne Abstimmung mit ihren Vertriebspartnern loslegen. Hier ist die geringe Größe ein Vorteil, um schnell zu sein.

- Viele Vermittler sind lokal verwurzelt und verfügen über ein spannendes Netzwerk. Es kann entscheidend sein, da sich Partner in die Content-Produktion einbeziehen lassen.

Der Allianz-Vertreter Volker Büscher beispielsweise erreichte eine hohe Reichweite, da er nicht nur über seine Arbeit sprach, sondern auch über seinen Hund. Sein Facebook-Auftritt gehört zu den reichweitenstärksten des gesamten blauen Riesen in Deutschland.

Hier finden Sie mögliche Themen:
- Erzählen Sie ganz konkrete Geschichten von Kunden. Zeigen Sie nicht nur erfolgreiche Schadenregulierungen, sondern thematisieren Sie auch den Kern unserer Industrie und wie wir unseren Kunden in ihren dunkelsten Stunden helfen. Häufig ist es der Vermittler, der zuerst zum lokalen Unternehmer eilt, wenn sein Geschäft brennt. Er überreicht den ersten Notscheck, noch bevor die Feuerwehr die Löscharbeiten beendet hat.
- Ihr Kundenportfolio beinhaltet viele spannende Geschichten, warum nicht interessante Kunden interviewen und die Gespräche online stellen?
- Interviews können auch ein spannendes Neukundenakquisemodell sein. Befragen Sie lokale Unter-

nehmer zu Fachthemen und geben später den Versicherungsordner mit!

Nur der HSV
Ohne strategischen Hintergrund habe ich mich früh in der Öffentlichkeit geoutet, Fan des HSV zu sein – gerade in einer Zeit, als der Verein nahezu nur Negativschlagzeilen machte. Neben einiger wohlgemeinter Häme sprachen mich Entscheider immer wieder auf den HSV an. Und es gab auch Kunden, bei denen die gemeinsame Nähe zum Hamburger Sport Verein und das gemeinsame Fanleiden eine Basis für eine geschäftliche Beziehung legte. Welches Hobby könnten Sie teilen?

Themen für angestellte Vertriebsmanager

Einer der größten Hebel im Vertrieb heißt, die Tätigkeit der angestellten Vertriebsmanager umzustellen. Natürlich sollten Telefon- und E-Mailanfragen beantwortet werden. Allerdings können auch Vertriebsmanager die Kontaktfrequenz und -qualität durch den Einsatz eigener Inhalte in den Sozialen Medien erhöhen.

• Gründung einer Mirco-Vertriebs-Akademie: der Manager sammelt die besten Verkaufstipps aus der Praxis und teilt sie mit seinen anderen Vermittlern.
• Wöchentlicher Podcast: anstatt dutzende Anrufe zu tätigen, genügt die Aufnahme einer Sprachnachricht mit den wichtigsten News und Anliegen der Woche. Per Messenger sind sie im Handumdrehen bei den Vermittlern.
• Newsletter: versenden Sie die wichtigsten Informationen und Tipps per Mail.
• Interviewen Sie die besten Vermittler aus der eigenen Betreuung mit Fokus auf konkreten Tipps und Tricks für die anderen Kollegen.

Dokumentieren Sie die eigene Arbeit: Selfies und schöne Aufnahmen aus dem Vertriebsmanageralltag bringen den human touch. Vertriebsmanager erhöhen Kontaktfrequenz und -qualität durch die Produktion von relevantem Content für die eigenen Vermittler. Zudem können sie auch neue Vermittler und Kundenbetreuer gewinnen, wenn sie Inhalte auf Social Media teilen.

Themen für Vorstände und Entscheider

Viele Entscheider bedauern hinter verschlossenen Türen, einzelne Mitarbeiter nur selten zu erreichen. Auf den direkten Draht kommt es aber gerade bei Transformations- und Wachstumsprojekten an. Darüber

hinaus haben auch Vorstände und andere Führungspersonen Karrierewünsche. Häufig ist ihnen klar, dass sie und ihre Leistungen außerhalb des Unternehmens und einer kleinen Gruppe unbekannt sind. Diese Begrenzung behindert Verhandlungen über Folgeverträge oder Wechsel. Daher sollten vor allem Entscheider auf Social Media professionell aktiv sein.

In Deutschland gibt es eine Reihe von guten Vorbildern, die wir später noch näher beleuchten. Für Entscheider bieten sich folgende Themen an:

- Kontinuierliche Erläuterung, Erklärung und Wiederholung der Vision, Mission und Strategie des Unternehmens und Vorstandsbereiches.
- Heben Sie Mitarbeiter und Team positiv hervor, die überproportional an der Erreichung dieser Ziele gearbeitet haben.
- Blick hinter die Kulissen von Vorstandssitzungen.
- Blick hinter die Kulissen des Unternehmens.
- Blick ins Privatleben.

Adressieren Sie die 95 Prozent!
Ma Mingzhe, Gründer des chinesischen Versicherers Ping An, fand zu Beginn der 1990er Jahre heraus, dass Chinesen wohl niemals mehr als 5 Prozent ihres Einkommens für Versicherungsleistungen ausgeben würden. Dabei war es ganz egal, wie sehr sich das Unternehmen anstrengte. Ma entschied sich, sich nicht damit abzufinden. Ma beschloss daraufhin, einen Konzern aufzubauen, der ganz gezielt Produkte und Services anbietet, um einen großen Teil der restlichen 95 Prozent des Budgets seiner Kunden in die Bilanz seines Konzerns zu lenken. Er erweiterte systematisch die Wertschöpfungskette um immer neue Produkte und Services. Je nach Kriterium ist Ping An heute die größte Versicherung der Welt. Ping An ist deswegen ein so imposantes Beispiel, da es sich nicht um ein mit Venture Capital getriebenes Tech-Start-Up aus dem Silicon Valley handelt, sondern um einen ganz normalen Versicherer – mit einem visionären und mutigen Entscheider.

Schritt 4: Nutzen Sie die geeigneten Formate

Die gute Nachricht vorweg: Kommunikationsformate haben sich in den letzten tausend Jahren – bis auf wenige Ausnahmen – nicht verändert. Der Mensch kommuniziert über Töne, Bilder und Text. Neue Kommunikations-, Speicher- und Distributionsformate kommen dagegen regelmäßig auf. Die lange Liste enthält etwa Höhlenmalerei, Buchdruck, Radio oder Bewegtbild. Derzeit entscheidend sind zum Beispiel digitale Speicher- und Verbreitungskapazitäten.

• Bilder: Jede Zielgruppe und jeder Kanal haben spezifische ästhetische und inhaltliche Vorlieben. Für Sie gilt es, durch systematisches und massives Testen und Analysieren, diese Vorlieben im Hinblick auf Ihre Ziele herauszufinden. Im Anschluss können Sie dann Bilder produzieren, die den Nerv Ihrer Zielgruppen treffen. Verabschieden Sie sich jedoch von der Idee, dass Sie irgendwann genau verstanden haben, welche Bilder und Bildsprache Ihre Zielgruppen bevorzugen. Die Vorlieben verändern sich kontinuierlich. Manche Versicherer verstehen dies nicht und produzieren weiterhin Bilder und Bildwelten, die schon seit 15 Jahren niemanden mehr erreichen und verkaufen dies intern als bewährte Strategie. Während professionelle Bilder und Grafiken früher viel Geld gekostet haben, ermöglichen es moderne Programme und Online-Services, mit geringem Einsatz zielgruppen- und kanalspezifische Bilder zu erschaffen.

Verwenden Sie möglichst Onlinetools und erstellen Sie Bilder mit denselben Instrumenten wie Lifestyle- und Sportinfluencer. Teilweise dauert der Start von etablierten Programmen wie Adobe Photoshop länger, als in Canva ein Foto mit Vorlage halbautomatisiert zu produzieren.

- Videos: Während Filme wie „Doktor Schiwago" Millionen Zuschauer stundenlang im Kinositz fesselten, sind solche Erfolge heute undenkbar. Machen Sie sich den Spaß und schauen Sie sich den Lieblingsfilm ihrer Jugend oder Ihrer Eltern an. Ich wette, Sie werden den Film als langatmig empfinden. Videos gehorchen heute anderen Strukturregeln. Während sich die Dramaturgie früher nach einer Einleitung langsam steigerte, steht der Klimax heute am Anfang – gefolgt von mehreren weiteren Höhepunkten. Das derzeitige Publikum bestraft Inhalte gnadenlos, die ihm nicht gefallen. Zuschauer klicken einfach weg oder schauen einen anderen Inhalt. Video- und Streamingdienste mit ihrer schier unendlichen Auswahl an Alternativen, haben den Qualitätsanspruch der Menschen erhöht. Diesen Veränderungen müssen wir Rechnung tragen. Daher ist es auch so wichtig, viele Videos zu produzieren. Nur so finden Sie heraus, welche Inhalte und welche Struktur ankommen.

Mittlerweile existieren Programme wie Beatleap, die innerhalb von Sekunden und durch künstliche Intelligenz getrieben, hochwertige Videos erstellen können. Mit wenigen Minuten Nachbearbeitung entstehen Videos, für die Teams früher Tage und ein sechsstelliges Budget gebraucht hätten. Natürlich kann es noch immer sinnvoll sein, den Produktionsaufwand mit Drohnen, Licht und professionellem Schnitt zu erhöhen, aber ein umfängliches Grundrauschen ist heute mit kleinen Budgets möglich.

- Texte: „Lesen Sie die überhaupt noch?" fragte ich einen befreundeten Versicherungsvorstand und wies auf einen Zeitungsstapel. „Nein, sie sehen aber gut aus, wenn Besuch oder Aufsichtsrat kommen." Eine ehrliche Antwort! Nach diesem Erlebnis schaute ich bei den Druckerzeugnissen in den Büros der Entscheider genauer hin. Nie fand sich ein Knick im Rücken von Magazinen, Studien oder Broschüren. Auch bei Texten wandelt sich kontinuierlich, was gelesen wird und was verstaubt. Nirgendwo zeigt sich diese Entwicklung deutlicher als im Internet, wo sich Lesedauer und Besucherzahl kristallklar tracken lassen. Produzieren Sie keine Texte, „wie wir es schon immer gemacht haben", sondern gefragte Inhalte für Sie und Ihre Zielgruppe. Und wenn es Click-

Bait ist, wie „Versicherungen wie iPhones verkaufen".

- Töne: Massiv unterschätzt wird die Möglichkeit von Audio-Content. Der besondere Charme von Podcasts, Audio-Nachrichten, Voice-Geräten oder auch neuen Plattformen wie Clubhouse besteht darin, dass sich Audio konsumieren lässt, ohne auf das Medium schauen zu müssen. Beim Autofahren, Fliegen oder Joggen hat man seine Hände frei. Audio-Content lässt sich je nach Beruf sogar während der

Arbeit konsumieren. Sie als Content-Creator profitieren, weil Sie sehr nah an Ihrer Zielgruppe sind und das Ohr ihrer Kunden haben. Intimer geht es kaum.

Bei der Entwicklung eigener Content-Formate ist es wichtig, die Zielgruppe und ihre tatsächlichen Präferenzen ganz genau zu eruieren. Auf dieser Grundlage können Sie eine Kombination von Audio-, Video-, Bild- und Textformaten für Ihr spezifisches Publikum entwickeln. Besonders gut laufen folgende Formate bei uns und unseren Kunden:

- Interviews geben oder
- Interviews mit Stars oder der Zielgruppe durchführen.
- Artikel zu Trends und Entwicklungen.
- Einordnung von allgemeinen Trends für die Bedeutung der Industrie.
- Regelmäßige Content-Reihen.
- Berichte von Events und Konferenzen.
- Selfie-Aufnahmen von Events oder alltäglichen Ereignissen mit Bezug zur Zielgruppe.
- Geschichten zu privaten Hobbys.

Vermeiden Sie jedoch alles Negative. Keine negativen Äußerungen über Mitbewerber oder Menschen, die Sie angreifen. Stehen Sie drüber. Lustig können Sie sich gern machen – solange Sie es über sich selbst tun.

Entwickeln und probieren Sie auch ganz eigene Ideen aus.

Neue Terminprobleme mit Super-stars

Zu Beginn der Corona-Pandemie im März 2020 hatten uns vorgenommen, die Krise als Chance zu nutzen. Anstatt Aktivitäten herunterzufahren, steigerten wir sie deutlich.

Unter anderem mit dem Start einer erst täglichen, dann wöchentlichen Livesendung auf Social Media – mit Unternehmern, Vorständen und Insurtech- sowie Insurance-Experten. Die Reichweite und die Bekanntheit der Gäste nahmen derart schnell zu, dass wir neun Monate später mehrere globale Super-Stars in unserer Sendung hatten.

Gary Vaynerchuk, Grant Cardone, Guy Kawasaki und Rachel Cruz (wenn Sie einen der vier nicht kennen, bitte schnell ändern). Normalerweise bringt man solch hochkarätigen Gäste in unterschiedlichen Halbjahren in die Sendung, wir mussten beide jedoch innerhalb weniger Wochen veröffentlichen. Früher hatten wir solche Probleme nicht. So ist es aber schöner.

Wenn Sie diese Schritte gehen, werden auch Sie neue Probleme bekommen. Freuen Sie sich schon drauf.

Schritt 5: Offline-Ereignisse digital skalieren – wollen Sie 100 oder 184.000 Zuschauer?

Bei Attention Hacking geht es immer darum, aus Ereignissen Medienereignisse zu machen. Egal ob Sie zu einer Konferenz fahren, einen Vortrag halten, Kunden besuchen oder was auch immer: überlegen Sie sich, wie sie diesen Termin in den sozialen Medien verbreiten können. Kündigen Sie zum Beispiel vorab an, dass Sie eine Tagung besuchen und begleiten Sie den Post mit einer kleinen Animation, machen Sie ein Selfie auf dem Weg dorthin, übertragen Sie eine kurze Live-Show mit den interessantesten Fakten von Ihrer Teilnahme, machen Sie Interviews und so weiter – produzieren Sie viele Bilder, Videos und Texte. Denken Sie daran, Entertainment und interessante Informationen zu verbinden!

Sie können die Produktion verwertbaren Materials erleichtern, indem Sie strategisch planen. Ich strukturiere meine Vorträge und Interviews zum Beispiel so, dass sich hinterher leicht 10- oder 20-sekündige Schnipsel mit den wichtigsten Informationen herausschneiden lassen. Analog können Sie bei Präsentationen, Workshops oder anderen Terminen verfahren. Identifizieren Sie bereits vorab die Inhalte, die sich für die Nutzung in den sozialen Medien eignen und achten Sie darauf, dass sich diese problemlos herauspicken lassen. Kurz: gewöhnen Sie sich einen anderen Umgang mit Ereignissen an.

Selfie oder Ausschreibung?
Gemeinsam mit einem unserer Kunden testeten wir, ob sich mit einer auf Hochglanz produzierten Stellenausschreibung oder einem Selfie des Chefs vor einem Computerbildschirm mit Stellenanzeige eine bessere Reichweite erzielen lässt. Das Selfie hatte die fünffache Reichweite. Seitdem veröffentlicht das Unternehmen konsequent Ankündigungen für Events, Produkte oder Stellenausschreibungen vor allem auf diese Weise. Dieses Beispiel zeigt, dass sich auch aus einer langweiligen Stellenausschreibung ein kleines Medienereignis machen und die Reichweite steigern lassen, indem man ein urmenschliches Bedürfnis nach Gesichtern bedient.

**Vergessen Sie die direkten Zuschauer.
Es gibt keine Offline-Events mehr!**

Es gibt keine reinen Offline-Events mehr. Events und Konferenzen sind vor allem Medienereignisse – für Sie als Teilnehmer oder noch besser als Speaker. Natürlich ist es schön, auf einer Konferenz oder einer Abendveranstaltung Menschen zu treffen und Vorträgen zu lauschen. Noch schöner ist es allerdings, wenn Sie bei diesem Anlass Inhalte produzieren, die Ihre Zuschauer schätzen. Und wirklich ertragreich wird es dann, wenn Sie die entstandenen Inhalte in Kanälen publizieren, in denen Ihre Zuschauer zu Hause sind und in einer Form, die Ihre Zielgruppe anspricht. Dabei kann es sich zum Beispiel um Selfies von Konferenzen mit einer hochwertigen inhaltlichen Zusammenfassung des Tages oder um gut gemachte Videos und Interviews handeln. Sie erreichen dann plötzlich nicht mehr nur die 14 Menschen auf dem Event, sondern 14.000 oder 140.000 – über Ihre, für das Internet produzierten Inhalte. Noch immer nicht überzeugt? Multiplizieren Sie einfach die Kosten eines Konferenzbesuches mit 1.000 oder 10.000, um eine ähnliche Kontaktfrequenz zu erhalten. Ganz schön teuer. Mit der Anwendung unserer Taktiken sparen Sie große Summen. Ein echtes Beispiel von uns zeigt, wie sich die Wirkung eines Events mit 100 Teilnehmern vervielfachen lässt:

25.000
Views des Selfies auf dem Weg zum Event (auf mehreren Sozialen Medien geteilt)

20.000
Views eines Videos zum Event

2.500
Zuschauer im Live-Stream

14.000
Views der Aufzeichnung des gesamten Vortrages

84.000
Views der in Micro-Videos geteilten Höhepunkte des Vortrags

2.500
Zuhörer der Podcast-Version

100
Menschen live im Saal

Es ist nahezu töricht, zu einem physischen Event zu fahren – ob als Vortragender oder Besucher – und es nicht als Medienereignis medial auszuquetschen. Ein Vielfaches der Anwesenden erreichen zu können, sollte als Argument für das Betätigen des Auslösers genügen.

Doch auch im Alltag eignen sich viele Begebenheiten für eine mediale Verbreitung. Sehen Sie überraschende Dinge oder erleben Sie etwas Schönes? Posten Sie darüber!

Wer braucht denn noch Telefonbücher?
Vor wenigen Jahren lief ich an einem großen Stapel Telefonbücher vorbei, die zur Mitnahme bereit lagen. Ich habe sie sofort fotografiert und mit der Frage geteilt, wer denn heute noch Telefonbücher braucht. Ergebnis war eine riesige Resonanz! Gehen Sie in Zukunft immer mit dem Attention-Hacking-Blick durch die Gegend, Alltagssituationen lassen sich häufig in Form von Nachrichten oder Unterhaltung weiterverbreiten. Wiederholen Sie auch immer und immer wieder ihre Mission und Vision.

Eine schwierige Veränderung des Mindsets betrifft den Umgang mit sich selbst. Jeder Influencer macht sich zu einer medialen Person. Er muss aus sich herausgehen, Geschichten erzählen und teilen, immer wieder persönlich Präsenz zeigen und diese Öffentlichkeit auch verantworten. Meiner Erfahrung nach kommt es darauf an, nicht mehr zwischen dem privaten und dem öffentlichen Leben zu unterscheiden. Wenn Sie diese Entscheidung einmal getroffen haben, wird Ihnen der Content niemals ausgehen. Selbstverständlich klammere ich allzu Persönliches aus – etwa familiäre Ereignisse oder ähnliches. Doch ganz klar ist: wer nichts von sich preisgeben möchte, kann kein Attention Hacking betreiben.

Wenn Sie häufig berichten und Ihre Tätigkeiten ausführlich vorstellen, erzeugen Sie damit Rückkopplungseffekte. Zehn Videos und Posts von Ihrem Auftritt bei einer Messe bringen den Veranstaltern zusätzliche Publicity. Andere Veranstalter laden Sie dann eher ein, weil sie um Ihr Engagement wissen. Das Gleiche gilt für Ihren Firmenbesuch. Berichten Sie davon, machen Sie gleichzeitig Werbung für das Unternehmen. Und zum Schluss noch eine Warnung: Missbrauchen Sie DSGVO, IDD, MiFID & Co. nicht als Ausrede, um langweilige Inhalte zu produzieren oder um gar keine Präsenz zu zeigen.

Schritt 6: Seien Sie dort, wo der Kunde ist

Attention Hacking braucht die passenden Kanäle. Was früher im Fernsehen oder den Zeitschriften gelang, klappt heute vor allem über soziale Medien. Dabei handelt es nicht um einen statischen Block mit eindeutigen Regeln, vielmehr ist alles im Fluss. Stand heute eignen vor allem LinkedIn, WhatsApp, YouTube, Twitter, TikTok und Clubhouse für die Assekuranz sowie eingeschränkt auch Xing, Facebook und Instagram. Die Erfahrung zeigt jedoch, dass diese Aufzählung in fünf Jahren oder sogar bereits in fünf Monaten anders aussehen wird. Immer zählt, wo sich die Aufmerksamkeit der Menschen gerade befindet. Begeben Sie sich an die Orte, an denen die Menschen heute nach Antworten auf ihre Fragen suchen.

Sie sollten wenig auf die öffentliche Meinung oder auf die Ergebnisse Ihrer Marketingagentur zu dieser und jener App hören. Denn die demografischen Gruppen außerhalb der Kernzielgruppen neuer Plattformen geben nur selten zu, dass auch sie schon die „Kinderapp" oder „Schülerapp" nutzen – obwohl sie stundenlang davor-

sitzen. Vertrauen Sie stattdessen den Downloadzahlen. Schauen Sie Ihren Zielgruppen in Bus, Bahn und in der Öffentlichkeit diskret aufs Handy und finden Sie heraus, welche Apps genutzt werden. Dieser Blick kann mehr bringen, als ein teurer Marktresearch.

Wächst eine Plattform weniger stark oder stagniert sie sogar, sinkt meist auch ihre Attraktivität. Denn in der Regel gibt es dann mehr Inhalte als Nutzer – das Angebot steigt stärker als die Nachfrage. Damit sinkt die sogenannte organische Reichweite, man erreicht immer weniger Nutzer mit der gleichen Menge an Content. Der Grund dafür ist einfach: die Plattformen müssen den Zugang zu Inhalten beschränken oder monetarisieren, weil die Nutzer sonst überflutet würden. Ein gerne gesehener Nebeneffekt heißt, dass sie nun Geld für eben diese Reichweite verlangen können. Auf manchen Facebook-Seiten beispielsweise ist sie auf unter 3 Prozent gesunken und nur ein Bruchteil der eigenen Fans sehen die Beiträge und Artikel im Newsfeed – und das, obwohl sie die Seite gelikt haben.

Sie sollten zudem nie vergessen, dass sich die unterschiedlichen Zielgruppen eines Unternehmens auf verschiedenen Kanälen tummeln können. Lassen Sie Ihr Engagement daher vom jeweiligen Produkt und der dazu gehörigen Kommunikationsstrategie leiten. Das Prinzip gleicht sich jedoch kanal-, strategie- und zielgruppenübergreifend: Soziale Medien sind Vehikel, um per Attention Hacking bislang unbekannte Menschen anzusprechen. Dabei geht es um zwei zentrale Ziele, Sie kennen sie bereits:

1. Menschen sollen bei (Versicherungs-)Bedarf von selbst auf uns zukommen.
2. Wir wollen die Kontaktdaten (Telefon- und Mail), um Menschen gezielt ansprechen zu können.

Der zweite Punkt wartet mit einer Herausforderung auf. Denn Twitter & Co. verfolgen eigene, kommerzielle Ziele und wollen die Potenziale ihrer Nutzer vor allem selbst ausschöpfen. Sie agieren als sogenannte Gatekeeper und wollen unsere Interaktion mit anderen Nutzern in ihrer eigenen Plattform behalten. Das zweite, zentrale

Ziel des Attention Hacking heißt daher, die Nutzer der sozialen Medien in eigene Ökosysteme wie etwa auf die Unternehmenswebsite zu überführen. Dort sollen sie Telefonnummer und E-Mailadresse hinterlassen und auf diese Weise direkte Kontakte ermöglichen. So entsteht eine von Dritten unabhängige Community und Sie reduzieren Ihre Abhängigkeit von vergänglichen Plattformen.

Um Teil der Digitalscouting-Community zu werden, registrieren sie sich bitte hier: www.digitalscouting.de/whatsapp-reminder ☺

SCAN ME

Die gesammelten Telefonnummern und E-Mail-Adressen von Kunden, Partnern oder Entscheidern nimmt Ihnen keiner mehr. Ihr zentrales Ziel heißt, diese Daten zu erhalten. Attention Hacking ist lediglich ein Instrument dazu.

Versicherer und Vermittler brauchen den direkten Zugang zu Ihren Kunden, Entscheider zu potenziellen Partnern, Vertriebsmanager zu Ihren Mitarbeitern und Unternehmen zu (potenziellen) Mitarbeitern. Richten Sie Ihr Homepagedesign danach aus, diese Kontakte überhaupt pflegen zu können, Daten zu sammeln und entwickeln Sie Lead-Magneten! Dazu müssen Sie Ihrer Zielgruppe jedoch gute Gründe geben, die Kontaktdaten zu überlassen.

Der Zugang zum Kunden ist Ihr Gold!

Meiner Erfahrung nach stellen LinkedIn, YouTube, TikTok und WhatsApp die wichtigsten Kanäle dar. In der folgenden Liste fehlt Instagram aus zwei Gründen.

1. Zu Beginn von Digitalscouting fokussierten wir uns – auch aus Ressourcengründen – auf LinkedIn und Twitter und vernachlässigten Instagram, obwohl wir mit meinem privaten Account ein relativ hohes Engagement erreichten. Als wir begannen, Instagram systematisch zu nutzen, waren die Zeiten der organischen Reichweite schon vorbei. Wir machen derzeit aber noch sehr gute Erfahrungen mit der Story-Funktionalität.

2. Die organische Reichweite sinkt stetig. Nichtsdestotrotz nutzen einige Vermittler, vor allem jene, die frühzeitig damit begannen, Instagram recht erfolgreich. Prüfen Sie daher bitte den Einzelfall.

In der folgenden Liste finden Sie jeweils Daten und Fakten, eine Übersicht Ihrer ersten Schritte, dos und don'ts, Profitipps und Must-Watch-Profile spezifisch zu jedem Kanal. Dazu kommen mögliche Inhalte. Kanalübergreifend gilt, dass Sie stets auf Privatsphäre, Copyright und Datenschutz achten sollten.

Neuer Ansturm
Als die Nutzerzahlen unseres
TikTok-Kanals explodierten, hat-
ten wir plötzlich hunderttausende
Views pro Tag. Wir nutzten dies
auch dazu, unsere anderen, schon
reiferen Kanäle zu stärken. Wir
riefen TikTok-Nutzer dazu auf, uns
auch auf Instagram und LinkedIn
zu folgen. Daraufhin brach unser
CRM durch tausende von Nach-
richten über Instagram innerhalb
kürzester Zeit zusammen. Auf-
grund dieses exponentiellen
Wachstums konnten wir erst
nach einigen Wochen Kollegen
zur Beantwortung dieser Fragen
abstellen.
Tausende von Instagram- und
hunderte von LinkedIn-Nachrich-
ten bildeten zweifellos Probleme.
Dieser Ansturm und unsere gewis-
senhafte Beantwortung von fast
jeder Nachricht legte dann die
Basis für den Erfolg eines ganz
neuen Geschäftszweiges: Mode
auf TikTok zu verkaufen.
Das war auch ein neues Prob-
lem – aber ein schönes. Und die
Geschichte zeigt, wie sich zufällig
neue Geschäftschancen ergeben
können.

LinkedIn

LinkedIn eignet sich sehr gut für das Attention Hacking in der Assekuranz, weil Sie viele Zielgruppen erreichen – Vorstände, Entscheider, Multiplikatoren, Experten und viele andere. Sie können damit Ihre Marke stärken, den Vertrieb unterstützen und finden zudem einen Spaßfaktor. Kurz gesagt: wer nicht auf LinkedIn vertreten ist, hat ein Problem.

Ziel: Etablieren Sie sich als fachlich kompetenter und vertrauenswürdiger Ansprechpartner im professionellen Umfeld.
Ihre ersten Schritte

Daten und Fakten zum Kanal:[5]
- LinkedIn verfügt über mehr als 310 Millionen aktive Nutzer pro Monat.
- 57 % der Nutzer sind männlich.
- 6 von 10 Nutzern suchen aktiv nach Brancheninformationen.
- Das durchschnittliche Einkommen eines LinkedIn-Nutzers beträgt knapp 47.000 $ pro Jahr.
- LinkedIn ist der wichtigste B2B-Marketingkanal.

---

1. Erstellen Sie ein überzeugendes Profil mit einem professionellen Bild.
2. Achten Sie darauf, das obere Banner in Ihren Unternehmensfarben zu gestalten.
3. Integrieren Sie hochwertigen Content auf Ihrem Profil, um Ihre Fähigkeiten zu untermauern. Das können beispielsweise Artikel, Vorträge oder Studien sein.
4. Suchen Sie geeignete Belege Ihres Know-hows, um jede berufliche Station angemessen zu hinterlegen. Damit erhalten Profilbesucher praktische Einblicke.
5. Folgen Sie den Personen, die Sie interessant finden und liken sowie kommentieren Sie deren Inhalte. Engagieren Sie sich für andere!

Dos and Don'ts

- In Deutschland glaubt nahezu niemand mehr Arbeitszeugnissen. Deshalb sollten Sie diese nicht auf LinkedIn veröffentlichen. Setzen Sie eher auf Artikel von Ihnen und Berichte über Sie. Social Proof ist entscheidend!
- Jeder Mitarbeiter Ihres Unternehmens sollte ein Banner im Corporate Design haben.
- Nutzen Sie Hashtags, auch wenn diese derzeit noch wenig Traffic erzeugen.
- Taggen: Verwenden Sie die @-Funktionalität nur bei Nutzern, die Sie wirklich kennen und bei denen Sie eine positive Reaktion erwarten können! Denn so werden diese über die Benachrichtigungsfunktion wirklich informiert.
- Rabattcodes und Ankündigungen von Konferenzen erzeugen nur noch wenig Reichweite.

[5] www.omnicoreagency.com/linkedin-statistics

- Reden Sie nicht ständig über Ihr Produkt!
- Teilen Sie Vision und Mission Ihres Unternehmens, so dass diese für ihre Mitarbeiter, Bewerber und Kunden deutlich werden.
- Die Sales-Funktion nervt die Adressaten erfahrungsgemäß eher. Daher übertreiben Sie es mit dem Sales-Navigator bei LinkedIn nicht.
- Scheduling-Tools wie Socialpilot, Buffer oder Hootsuite ermöglichen es, Beiträge vorab zu schreiben und sie automatisiert zu definierten Zeiten zu veröffentlichen. Allerdings ist es derzeit nicht möglich, Personen in diesen Tools mit @ zu taggen. So können Sie Beiträge zwar planen, müssen sie aber dann manuell nacharbeiten.
- LinkedIn reagiert allergisch auf die Bearbeitung von LinkedIn-Profilen durch Dritte. Kümmert sich also eine Agentur oder ein Mitarbeiter aktiv um Ihren Account, sollte dies von der gleichen oder ähnlichen IP-Adresse stattfinden. Wer diese Regel ignoriert, riskiert eine Sperre.

Inhalte

Bei LinkedIn steht Ihre fachliche Expertise im Vordergrund. Es ist daher sinnvoll, wenn Sie Ihre Artikel, Interviews oder Beiträge in Zeitschriften posten und verlinken. Anlässe für Berichte und Gespräche bieten beispielsweise Konferenzen, Messen oder Firmenbesuche. Ein Grundrau-

schen lässt sich über Nachrichten erzeugen – schreiben Sie einfach kurz, was die Branche bewegt und geben Sie vielleicht Ihren Kommentar dazu. Auch Danksagungen kommen gut an, nutzen Sie die jeweiligen Gelegenheiten.

Daneben kommen auch persönliche Äußerungen gut an. Berichten Sie von Ihrer Geschäftsreise, kündigen Sie eigene Auftritte an und lassen Sie andere an Ihrem Leben teilhaben. Bleiben Sie dabei jedoch auf dem Boden, Selbstbeweihräucherung bewirkt eher das Gegenteil – außer Sie stellen Ihre Kunden oder Mitarbeiter ins Rampenlicht. Wie auf anderen Kanälen auch, kommt es bei LinkedIn auf Authentizität an.

Profitipps

- Integrieren Sie Ihren Markennamen und das Logo ins Profilbild, weil viele andere Kanäle und Plattformen automatisch diese Bilder herunterladen und etwa für Events nutzen. So stärken Sie nebenbei Ihr Unternehmen.
- Nutzen Sie die featured-Funktion und kleben Sie hochwertige Inhalte direkt an Ihr Profil. So liefern Sie die Belege für Ihre Expertise auf den ersten Blick mit.
- Nutzen Sie anstelle Ihrer Jobbeschreibung einen call to action mit Ihrem USP. Ich schreibe zum Beispiel „we make your customer come to you."

- Integrieren Sie Ihre Artikel aus Fachmagazinen über Sie oder von Ihnen, diese besitzen eine hohe Glaubwürdigkeit und damit belegen Sie Status und Position in der Industrie.
- Kreieren Sie eigenen Content. Befragen Sie beispielswiese bekannte Kollegen zu einem interessanten Thema und posten Sie das Interview. So sorgen Sie für Content und kommen mit Anderen ins Gespräch.
- Videos erzeugen eine hohe Reichweite – sofern Sie die Links von YouTube einbinden. Organisch hochgeladene Videos erhalten eine geringere Reichweite als YouTube-Links.
- Da LinkedIn Posts nicht an alle Nutzer ausliefert, können Sie die erfolgreichen Beiträge nach einem oder zwei Monaten nochmals posten und erreichen dann andere Nutzer.

- Markieren Sie Meinungsführer und solche Personen (zum Beispiel relevante Bestandskunden oder Leads), die Ihren Post unbedingt sehen sollten.
- Posten Sie mindestens zwei- bis dreimal pro Woche. Am besten ein- bis zweimal pro Tag.
- LinkedIn ermöglicht auch Stories. Allerdings ist die Reichweite recht beschränkt. Inhalte aus anderen Kanälen, die auch hier passen, können Sie trotzdem hochladen.
- Titel mit 40 bis 49 Zeichen funktionieren am besten.

Meine Must Watch Profile
Diese Liste ist nicht vollständig. Die genannten Profile dienen als Beispiele für viele weitere, die wir hier hätten aufnehmen können.

Martin Gräfer: Der Vorstand von *Die Bayersiche Versicherung* liefert unglaublich authentische Einblicke in seine Tätigkeit und positioniert sich klar auch zu politischen Themen. Anstatt Vermittler zur Fortbildung zu ermahnen, postet er seine eigene Fortbildungsbescheinigung.

Christopher Lohmann: Als Vorstand von *Talanx* und *HDI* liefert er nicht nur unglaublich sympathische, sondern auch ungeskriptete, authentische Einblicke. Dadurch entsteht der Eindruck eines zugänglichen Vorstandes eines milliardenschweren Konzerns.

*Christopher Lohmann, Vorstand
von Talanx und HDI*

*Christopher, was gab damals den
Ausschlag dazu, auf Social Media
anzufangen?*
Ganz ehrlich, ich kann mich gar
nicht an den einen Moment erinnern. Mir ist vor einigen Jahren
bei der Entwicklung des Employer
Brandings der Gothaer aufgefallen,
wie wichtig soziale Medien für
die Wahrnehmung eines Unternehmens als mehr oder weniger
attraktiver Arbeitgeber sind. Dabei spielt eine Rolle, Bewertungs-
plattformen im Auge zu behalten
und ernst zu nehmen. Schließlich
können wir von unseren Vertretern
nicht verlangen, dass sie ihre
Google Bewertungen systematisch managen, um dann selbst
Dienste wie Kununu zu ignorieren.
Darüber hinaus ist es wichtig,
über die sozialen Medien das
Soziale von Unternehmen nach
außen sichtbar zu machen. Das
ist auch und gerade die Aufgabe
derer, die Verantwortung tragen.

Vor gut zwei Jahren habe ich
daher angefangen, meinen dahin
dümpelnden LinkedIn Account für
eigene Beiträge aktiv zu nutzen
– und ich habe dabei meine frühere Freude am (journalistischen)
Schreiben wiederentdeckt.
Irgendwie win-win, oder?

*Du teilst nicht nur offizielle
Informationen des Unternehmens
oder fachliche Beiträge, sondern
gewährst auch Einblicke in deine
Tätigkeit als Vorstand – warum?*
Nun, es geht in den sozialen
Medien um menschliches und
zwischenmenschliches, das steckt
im sozialen dieser Medien drin.
Einfach nur Unternehmensmeldun-
gen oder Fakten zu posten, wird
dem nicht gerecht. In meinen Bei-
trägen lege ich daher Wert darauf,
meinen persönlichen Bezug oder
meine Meinung zu dem Thema
deutlich zu machen, zu dem ich
gerade schreibe. Dabei finde
ich es völlig normal und eben
nur menschlich, auch mal Fragen
offen zu lassen, weil ich selbst
keine Antworten habe. In unserer
VUCA-Welt sind mir ohnehin Menschen suspekt, die auf alles und
jeden die passende Antwort zu
haben glauben - oder scheinen.
Bei den Rückmeldungen fällt mir
zudem auf, dass meine Leser mich
als Menschen wahrnehmen wollen;
gerade auf persönliche Geschichten bekomme ich dazu besonders
viele Rückmeldungen – etwa als
ich aufgrund von Corona nicht die
Haare schneiden lassen konnte
oder an meinem ersten Arbeits-
tag beim HDI – einem heißen 1.
August, einem Samstag, als ich
dem Pförtner in Bermudas guten
Tag gesagt habe. Mir fällt das

nicht schwer, ich bin einfach so, und offenbar kommt das auch „draußen" so an.

Was war das signifikanteste Ereignis deiner Präsenz bei Linkedin und Co. in den letzten 12 Monaten? Besonders signifikant war in meiner Erinnerung der Beitrag, in dem ich öffentlich gemacht habe, dass ich die Gothaer verlasse. Gleichzeitig durfte ich aus diversen Governance- und Kommunikationsgründen noch nicht sagen, dass ich zum HDI gehe. Also habe ich der Gothaer gedankt und öffentlich gemacht, dass ich mich auf eine neue tolle Aufgabe freue, zu der ich in wenigen Wochen etwas schreiben würde. Das habe ich dann auch gemacht. Der Beitrag wurde über 100.000 mal gelesen und ich bekam Hunderte von Glückwünschen zu einem Move, von dem keiner wusste, wohin er gehen würde. Das hat mir gezeigt: die Menschen vertrauen mir nach einem Jahr des Postings in sozialen Medien – und ich habe sie dann ja auch nicht enttäuscht. Die Reaktion damals bewegt mich bis heute und sie zeigt, welche Macht soziale Medien haben, wenn man ehrlich und authentisch damit umgeht.

Nick Gerhart: Der US Manager gewährt detaillierte Einblicke in die amerikanische Versicherungswirtschaft – auch und gerade zu kleineren Use Cases und hier unbekannteren Playern.

Steve Tunstall: Einer der am besten vernetztesten Versicherungsexperten in Südostasien. Er teilt Wissenswertes über die dortige Versicherungsindustrie.

Nigel Walsh: Sicherlich einer der sympathischsten Berater und Experten in der Industrie. Schon weil er zu den allerersten Influencern gehört, sind seine Analysen unverzichtbar.

Thomas Rechnitzer: Senior Manager bei IBM, er führte 2020 große Industrieevents hybrid durch – online und offline.

Pierangelo Campopiano: CEO Smile. TikTok

Weiter zu nennen sind: Jim Marous, Chris Cheatham, Robin Smith, Rob Galbraith, Denise Garth, Kobi Benelak, Oliver Bäte und noch viele mehr.

Lutz Kiesewetter: Der Kommunikationschef der Deutschen Familienversicherung ist deren unermüdliche Stimme auf LinkedIn, der Erfolge nüchtern aber bestimmt teilt. Die DFV und er sind ein wichtiges Zentrum der internationalen Community.

Adrian Jones: Die Analysen des Senior Managers bei Scor gehören zu den fundiertesten der internationalen Assekuranz. Er pflückt regelmäßig die Finanzberichte gehypter Insurtech-Start-Ups auseinander und stellt die richtigen, kritischen Fragen, ohne unfair zu sein.

Désirée Mettraux: Die CEO bei OCC Assekuradeur bietet ein authentisches Beispiel, wie man als Geschäftsführerin eines Nischenplayers LinkedIn nutzen kann, um die interne und externe Modernisierung zu unterstützen.

Unsere besten Posts und was wir daraus lernen

Dank kommt an →

Wer anderen dankt, erhält auch auf LinkedIn mitunter eine hohe Reichweite. Es ist meine Erfahrung auf allen Kanälen und in allen Formaten.

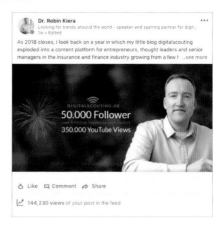

← Lob Dritter

Wenn Dritte etwas Nettes über einen sagen, freuen sich viele und drücken dies auch mit Liken und Kommentieren aus. Oft entstehen virale Posts. Dies ist im Übrigen auch ein Beispiel dafür, aus einem Offline-Event ein Medienereignis zu machen.

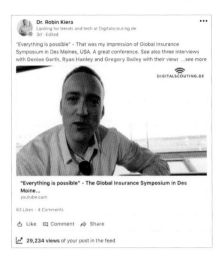

← Berichte von Fachkonferenzen

Berichte von Fachkonferenzen – am besten mit Videos kombiniert – können eine hohe Reichweite erreichen.

Selfies aus dem Berufs- und Büroalltag →

Einblicke in den eigenen Arbeitsalltag können ebenfalls eine hohe Reichweite erlangen.

← Fachbeiträge mit Neuigkeitswert

Ein Artikel zum möglichen Eintritt von Amazon in den Versicherungsmarkt erreichte am Ende 140.000 Views. Wenn Sie relevante Nachrichten für Ihre Community als erster veröffentlichen, kann eine hohe Reichweite die Folge sein. Dies gilt im Übrigen auch für erfolgreiche Finanzierungen bei Start-Ups.

YouTube

YouTube ist eine entscheidende Plattform für das Attention Hacking in der Versicherungsbranche. Beachten Sie: es handelt sich um eine Suchmaschine und um keine Sozial Media Plattform mit Feed! Menschen nutzen YouTube, um etwas zu herauszufinden oder unterhalten zu werden. Wenn Sie gefunden werden wollen, müssen Sie die entsprechenden, hochwertigen Inhalte bieten.

Ziel: Ihre Videos sollen bei der Suche nach Ihren Keywords obere Plätze belegen und den Nutzern Antworten auf ihre Fragen liefern. Ihre ersten Schritte

Daten und Fakten zum Kanal:[6]
- YouTube ist die meistgenutzte Suchmaschine und die meistbesuchte Seite nach Google.
- YouTube verfügt über mehr als zwei Milliarden Nutzer. YouTube gibt es in mehr als 100 Ländern und 80 Sprachen.
- Die meisten Menschen bevorzugen schon heute Videoplattformen wie YouTube, anstelle des klassischen Fernsehens.
- Über 70 % der Nutzung kommt von Mobilgeräten.
- Erfolgreichste Versicherungskanäle hierzulande sind HUK24 mit knapp 18.000 und die Allianz mit zirka 15.000 Abonnenten – dem

US-Autoversicherer Geico folgen dagegen über 1,8 Millionen Menschen!

1. Fangen Sie an, YouTube-Videos zu schauen und spannende Kanäle zu Fachthemen zu abonnieren, aber auch zu anderen Bereichen des Lebens.
2. Beobachten Sie ganz genau, welche Videos Ihnen YouTube auf der Startseite anzeigt und welche Videos bei bestimmten Suchbegriffen angezeigt werden.
3. Zur Suchmaschinenoptimierung existiert ein Ökosystem.
4. Identifizieren Sie ihre Fokusthemen und die dafür sinnvollen Keywords.
5. Beginnen Sie einfach mit Ihrer Smartphone-kamera oder nutzen Sie eine einfache Digitalkamera.
6. Nehmen Sie Abstand von der Canon EOS 750D und ähnlichen Kameras. Deren mechanische Autofokussierung ist so laut, dass sie Ihre Videos ruinieren (wie bei uns am Anfang).
7. Wir haben anfänglich mit www.wevideo.com gearbeitet. Damit erzielen Sie gute Resultate. Ein professionelles Video-Team brauchen Sie zu Beginn nicht.
8. Veröffentlichen Sie so schnell wie möglich die ersten Videos und schauen Sie, was passiert.
9. Sammeln Sie praktische Erfahrung

[6] www.youtube.com/intl/de/about/press

mit dem Medium Video und steigern Sie stetig Ihr Niveau.

Dos and Don'ts

- Suchen Sie Themen aus, die andere nicht adressiert haben oder bei denen Sie die besseren Videos liefern können.
- Schauen Sie sich nicht nur Kanäle für ihr Thema an! Browsen Sie durch YouTube und analysieren Sie, welche Videos und Kanäle viele Follower und Views haben und was Ihnen spontan gefällt. Notieren Sie sich jeweils die Erfolgsfaktoren und wie Sie diese – für die Assekuranz abgeändert – selbst nutzen können.
- Verfassen Sie einen Mini-Drehplan mit den folgenden Fragen:
  ° Welche Zielgruppe möchte ich erreichen?
  ° Welche Reaktion oder Handlung wünsche ich mir von dieser Zielgruppe im Anschluss an das Video?
  ° Mit welchen Geschichten, Informationen und Unterhaltung kann ich das Interesse dieser Zielgruppe wecken?
  ° Wie schaffe ich es, dass der Nutzer nicht innerhalb der kritischen 0,5 bis 3 Sekunden zu Beginn weiterklickt?
- Bereiten Sie Ihre Inhalte verständlich auf und vermeiden Sie Fachbegriffe. Falls nicht möglich, erläutern Sie diese in einem Halbsatz.
- Verfassen Sie aussagekräftige

Beschreibungen zu jedem Video. Wiederholen Sie Keywords und Begriffe, nach denen Ihre Zielgruppe suchen könnte.
- Kommen Sie schnell zum Punkt und fassen Sie sich kurz. Die ersten 3 Sekunden müssen sitzen, sonst werden Sie weggeklickt.
- Versehen Sie alle Videos mit passenden Hashtags.
- Erstellen Sie Playlists für passende Themen.

Inhalte

Die allerwichtigste Frage lautet: wonach würde Ihr Kunde bei einem Problem suchen, wofür Sie die Lösung haben? Welche Stichwörter würde er verwenden? Welche Frage würde er in das Suchfeld eintippen oder sein Voicedevice fragen? Die richtige Antwort bildet die Voraussetzung, dass er überhaupt auf Ihr Video stößt.

Zudem müssen wir dafür sorgen, dass er es sich auch anschaut – am besten bis zum Ende. Auch wenn es um Versicherungen und Finanzen gehen soll, sollten Sie sich an Qualität und Stil der erfolgreichen Kanäle aus Bereichen wie Unterhaltung und Edutainment orientieren. Testen Sie, welche Stilelemente sich übertragen lassen. Suchen Sie aktuelle Aufhänger wie zum Beispiel Unwetter, Jahreszeiten oder Promigeburtstage, um über Themen wie Schäden, Termine oder das Alter

eigene Messages loswerden zu können. Wichtig: YouTube ist nicht der Ort, um die letzten Details der Versicherungsbedingungen zu erläutern. Vielmehr sollten Sie Menschen mit Wissen zu ganz konkreten Problemen helfen und um sie am besten gleichzeitig unterhalten.

Profitricks

• Die ersten Worte der Titel sind wichtig, um gefunden zu werden. Wollen Sie das Thema Risikolebensversicherung besetzen, dann sollte der Titel nicht heißen: „Was ist eine #Risikolebensversicherung" – sondern: „#Risikolebensversicherung – was ist das?"
• Inspiration für gute Titel bieten auch Tools wie www.contentrow.com.
• Unterscheiden Sie zwischen Themen, die ihre Kunden anscheinend interessieren und denen, womit sie wirklich ihre Zeit verbringen. Kaum jemand gibt zu, unterhaltsame Streiche, Tanzvideos oder Motivationsredner zu schauen. Die Zahlen sprechen jedoch eine deutliche Sprache. Bedienen Sie die wahren Interessen!
• Konzipieren Sie längere Videos von vorneherein so, dass Sie kurze Teile daraus eigenständig veröffentlichen können.
• Nutzen Sie YouTube als Archiv Ihrer Videos und generieren Sie damit gleichzeitig Visits.
• Nutzen Sie Tools wie:

° Amberscript (zur automatischen Transkription)
° WeVideo oder (zur Videobearbeitung)
° Tubebuddy (SEO) zu Bearbeitung und Management.

Must Watch Kanäle

Casey Nestat: Mittlerweile schon fast ein Klassiker auf YouTube. Einzelne Videos haben 20 bis 30 Millionen Aufrufe – bei 12,2 Millionen Followern. Auch Versicherer oder Vertriebler können sich davon inspirieren lassen, wie moderne Videos heute geschnitten und wie Geschichten erzählt werden.

Bayerische Staatsforsten: Die Begeisterung dieses Kanals steckt derart an, dass einzelne Videos hunderttausende Views erhalten – mit dem absoluten Nischenthema Forstwirtschaft. Angeblich trockene Themen können Millionen begeistern!

Geico: Der US-Autoversicherer wurde durch originelle Werbung im TV bekannt und hat dieses Prinzip ins Internet übertragen. Erfolgreich waren zum Beispiel Clips mit einem Neandertaler.

Gary Vaynerchuk: Prägt mit seinem Kanal Gary Vee ganze Generationen an Makreteers und Unternehmern. Der frühere Facebook-, Uber- und

Mr. Beast: Von lustigen Streichen zum Multimillionen-Unternehmer. Mr. Beast hat über 41 Millionen Abonnenten – 50 Prozent der Bevölkerung Deutschlands! Seine Videos erhalten häufig zwischen 50 und 90 Millionen Aufrufe. Mr. Beast zeigt, wie sich Alltagssituationen und Streiche erfolgreich ausbauen lassen.

Dave Ramsey: Der „Mr. Schuldenfrei" der USA hat mit seinem Kampf gegen Konsumschulden eine landesweite Bewegung geschaffen. Schuldenfreiheit, Finanzielle Freiheit und Finanzielle Gesundheit sind auch Themen für uns – da könnten Versicherer ein Thema besetzen.

Twitter-Investor teilt nicht nur praktisches Wissen, sondern inszeniert sich vorbildlich als CEO. Er kann damit als Vorbild für Entscheider der Assekuranz ein Vorbild dienen.

Gary Vaynerchuk war zwei Mal Gast in unserer Sendung. Diese sind auf YouTube und LinkedIn zu finden.

Grant Cardone: Jeder Vertriebler sollte Grant Cardone kennen. Sein Ton muss nicht jedem gefallen, aber er ist ein Beispiel, wie Vertriebler ihr Wissen spannend weitergeben können. Allerdings braucht es dazu gute Verkaufstechniken und nicht nur veraltete Vertriebshandbücher.

Grant Cardone konnten wir für eine Livesendung gewinnen, sie ist auf YouTube und LinkedIn zu finden.

Unsere besten Posts und was wir daraus lernen

www.youtube.com/
watch?v=CLHyPS6NS2k →
Mit über 160.000 Views unser erfolg-
reichstes Video. Der Grund dürfte
sein, dass es als eines der ersten Videos die Trends in der internationalen
Versicherungswirtschaft für ein Jahr
besprach und darüber hinaus die ersten Sekunden etwas provokanter als
sonst waren.

www.youtube.com/
watch?v=gr6fG78rOsk ↓
Das Video vom weltweit ersten End-
to-End-Versicherungskauf via Amazon
Alexa bei der Deutschen Familienversicherung erreichte 38.000 Views auf
YouTube. Hier waren es vor allem die
Neuigkeit und der Nachrichtenwert,
der die Zuschauer zum Video trieb.

← www.youtube.com/
watch?v=9jsfVoUfo5I
Dieses Video zeigte eine – zugege-
benermaßen etwas verrückte Woche
als Insurtech-Influencer. Es erreichte
über 40.000 Views und sorgte mo-
natelang für Followerwachstum. Ich
glaube, es wurde so häufig geschaut,
da sich Menschen für einen Blick hinter die Kulissen interessieren und es
auch sehr schnell geschnitten war.

Wie aus 15.000 Doller über
24 Millionen wurden
Simon Chiu, der Direktor der Saint
Francis High School in Moutain
View, USA sowie einige Eltern
hatten beobachtet, wie ihre Kinder
diese neue gelbe App benutzten.
Daraufhin investierte die Schule
15.000 USD. Dies brachte der
Schule 24.000.000 USD Gewinn
ein. Bei der App handelte es sich
um Snapchat.

WhatsApp Messenger

Neben TikTok ist WhatsApp derzeit ein Geheimtipp, mit dem man sich beschäftigen sollte. Jedes Unternehmen sollte eine Messenger- oder WhatsApp-Strategie haben! Auf dieser Plattform finden Sie die optimale Zugangsmöglichkeit zu Ihrer Zielgruppe. Drei große Vorteile stehen im Vordergrund: die große Aufmerksamkeit sorgt erstens dafür, dass alle Nachrichten geöffnet werden und zweitens gibt es keine Werbung – noch nicht. Drittens benutzen fast keine Unternehmen – schon gar nicht in der Versicherungswirtschaft – WhatsApp strategisch oder vertrieblich.

Ziel: Gelangen Sie in den privaten Freundeskreis der Menschen und schaffen Sie sich damit die optimale Glaubwürdigkeit und den unmittelbaren Zugang.

Daten und Fakten zum Kanal:[7]
- WhatsApp verfügt zirka über 2 Milliarden Nutzer weltweit.
- WhatsApp gibt es in mehr als 180 Ländern und 80 Sprachen.
- Mehr als 65 Milliarden Nachrichten werden pro Tag versendet.
- Es gibt mehr als 5 Millionen geschäftliche Nutzer.
- Eine halbe Milliarde Nutzer nutzen die Statusfunktion täglich.

- Nutzer verbringen durchschnittlich 195 Minuten auf WhatsApp jede Woche.
- WhatsApp dreht sich um Privates, nicht um Werbung & Co.!

Ihre ersten Schritte

1. Klären Sie, ob Sie WhatsApp als Privatperson oder schon WhatsApp Business verwenden müssen. Letzteres beinhaltet viele Funktionalitäten zur Unterstützung Ihres Marketings.
2. Fügen Sie alle Ihnen bekannten Mobiltelefonnummern (bei denen Sie das Einverständnis haben) zu Ihrem Telefon hinzu.
3. Schicken Sie eine Nachricht an ihre Kontakte – etwa „Hallo Herr Schuster, ich habe Ihre Visitenkarte in einer Schublade gefunden und wollte Ihnen meine Telefonnummer zukommen lassen. Auf bald, Ihr XY." Erhalten Sie eine Antwort, können Sie den Kontakt zu Ihren Broadcast-Listen hinzufügen.
4. Veröffentlichen Sie mindestens einmal pro Tag Selfies mit kurzen Statements zu Ihrem Alltag, Kundengeschichten und Persönliches in Ihrem WhatsApp-Status. Ein Trick: in der Textfunktionalität lassen sich auch klickbare Links einfügen. Daher können Sie Ihre WhatsApp-Kontakte auf andere Plattformen schicken. Schnell wer-

Dos and Don'ts

- Fügen Sie auf keinen Fall Personen hinzu, die sich nicht kennen.
- Selbst Hardcore-Fans können eine zu häufige Verwendung der Broadcast-Funktionalität als störend empfinden. Daher würde ich sie pro Person maximal zweimal im Monat verwenden und bei entfernteren Bekannten maximal einmal.
- Verwenden Sie Ihren besten Content.
- Behelligen Sie private Communities niemals mit Werbung oder Jobthemen.
- Beachten Sie die DSGVO.
- Bei allen Bedenken: verpassen Sie auf keinen Fall diese riesige Chance.
- Benutzen Sie WhatsApp-Stories und beachten Sie, wer Ihnen alles dort zuschaut.

den Sie sehen, wie viele Entscheider schauen, was Sie so machen.

5. Segmentieren Sie Ihre Kontakte nach Interessen oder Zielgruppen und bauen Sie Broadcast-Listen auf.

6. Werden Sie Mitglied unserer WhatsApp-Community: www.digital scouting.de/whatsapp-reminder

Inhalte

WhatsApp ist eine Plattform mit privatem Schwerpunkt, kommunizieren Sie daher vor allem solche Themen. Nutzen Sie den Kanal für Ihr Business, wie Sie ihn auch mit Ihren Freunden nutzen würden! Vermittler können zum Beispiel über den Tag in ihrem Büro berichten. Auch Kundengeschichten eignen sich oftmals sehr gut, etwa warum eine Berufsunfähigkeitsversicherung abgeschlossen wurde oder wie eine Schadenregulierung am konkreten Objekt erfolgen kann. Aber auch Ihren Besuch im Stadion beim Lieblingsverein können Sie als Gelegenheit zur Erstellung von Content nutzen.

Vertriebsmanager können zum Beispiel die Erfolge anderer Vermittler posten und manche Vorstände nutzen den Kanal, um den Status von Projekten zu teilen oder um die Mannschaft zu informieren. Auch eine Diskussion in Gruppen bietet sich oftmals an, um schnell ein Stimmungsbild zu erhalten.

Profitricks

- Die WhatsApp-Broadcast-Funktion ermöglicht es, Nachrichten an bis zu 256 Kontakte gleichzeitig zu senden – und trotzdem sieht sie jeder Empfänger als private Einzelmessage.
- Per Broadcast können Sie etwa Live-Shows ankündigen – und so Traffic auf andere soziale Netzwerke lenken und damit deren Algorithmen positiv beeinflussen.
- Nutzen Sie Gruppen, um einen fachlichen Austausch Gleichgesinnter zu etablieren.
- Schauen Sie detailliert, wer Ihren WhatsApp-Status anschaut und starten Sie einen strukturierten Vertriebstrichter damit.

Bei WhatsApp können wir unsere besten Posts nicht zeigen, da diese nach 24 Stunden wieder verschwinden. Grundsätzlich schaut hier der absolute Kern der Fans und Follower regelmäßig rein, um zu schauen, was Robin eigentlich so macht.

Twitter

Der Kurznachrichtendienst sollte eine wichtige Rolle in jeder international ausgerichteten Attention-Hacking-Strategie spielen. Hier lassen sich aktuelle Entwicklungen gut verfolgen und Trends erkennen. Vor allem international ist Twitter sehr relevant. In Deutschland hat sich der Kurznachrichtendienst jenseits von Journalisten und Technikbegeisterten nie richtig durchsetzen können. Allerdings sind Influencer und einige Versicherungsvorstände gut erreichbar, indem man sie beispielsweise retweetet.

Obwohl Twitter nicht mehr im Zentrum unserer Strategie steht, erreichen wir pro Monat einige Millionen Menschen.

Daten und Fakten zum Kanal:[8]

- 66 % der Twitternutzer sind männlich.
- Twitter verfügt über 330 Millionen aktive Nutzer pro Monat.
- Täglich werden 500 Millionen Tweets versendet.
- 80 % der Nutzung erfolgt über Mobilgeräte.
- Knapp die Hälfte der Nutzer konsumiert Twitter täglich.
- 80 % der Twitternutzer sind wohlhabende Millenials.
- 93 % der Nutzer sind offen für das Engagement von Marken auf Twitter.

Ihre ersten Schritte

1. Verwenden Sie ein gutes Profilbild.
2. Sehen Sie sich die Kanäle Ihrer Mitbewerber an und verfolgen Sie die erfolgreichen Kanäle aus anderen Wirtschaftszweigen.
3. Folgen Sie den internationalen Influencern wie etwa:
   - ° InsurtechNews
   - ° Lucep
   - ° www.verdict.co.uk
   - ° Und natürlich www.digitalscouting.de
4. Schauen Sie auch nach relevanten Hashtags.
5. Retweeten, liken und kommentieren Sie Inhalte von Zielunternehmen, Zielpersonen, Influencern und Multiplikatoren.
6. Teilen Sie Inhalte auch auf Twitter – am besten 80 Prozent Branchennachrichten und nur 20 Prozent eigenen Content.
7. Im Gegensatz zu WhatsApp und LinkedIn zählt auf Twitter Masse – Pro Tag sind 20-50 oder sogar 100 Tweets keine Seltenheit – wenn man Gutes und Spannendes zu erzählen weiß.

[8] www.oberlo.com/blog/whatsapp-statistics
www.fortunly.com/statistics/whatsapp-statistics

Dos and Don'ts

- Nutzen Sie die für Ihre Branche und Produkte richtigen Hashtags, kreieren Sie zudem Unternehmens- und Marken-Hashtags.
- Seien Sie unbedingt aktuell! Alte Hüte haben nichts auf Twitter verloren.
- Halten Sie sich von politischen Kontroversen fern.
- Achten Sie auf Personen, die sie erwähnen. Bedanken Sie sich und folgen Ihnen. So werden aus gelegentlichen Content-Konsumenten treue Fans. Selbst hierfür beschäftigen wir dezidierte Mitarbeiter.
- Eine persönliche Verbindung lässt sich mit Tags herstellen – etwa @stratorob. Aber Achtung, tun Sie das nur mit Ihnen bekannten Personen, deren positive Reaktion Sie erwarten können! Wer hier zu schnell und häufig agiert, manövriert sich in eine Spammer-Position.

Inhalte

Twitter in der Versicherungswirtschaft ist stark nachrichtenbezogen. Dazu gehören fachliche Meldungen zu Branche und Produkten, Interviews, Live-Shows, Rankings und Persönliches. Diese können Sie in Form kurzer Statements verbreiten und mit einem weiterführenden Link versehen, aber auch mit einem Video ergänzen.

Profitipps

- Verankern Sie Ihre USPs fest an der ersten Stelle mit einem sogenannten pinned Tweet.
- Bauen Sie geschlossene Gruppen von Fans und Thought Leadern, in denen Sie Inhalte diskutieren aber auch den besten Content teilen.
- Integrieren Sie einen call to action in Ihre Tweets.
- Die Reichweite übersteigt die Anzahl der Follower deutlich.
- Schedulingtools wie Hootsuite, Buffer oder Socialpilot ermöglichen es, Tweets zu planen und automatisiert zu veröffentlichen.

Unsere besten Posts und was wir daraus lernen

Bei Twitter haben wir nie die Viralität erfahren wie auf anderen Kanälen. Unsere hohe Reichweite beruht auf lediglich auf täglich 20 bis 40 relevanten Tweets zu Fachthemen. Masse zählt! Eine höhere Reichweite als sonst erreichen wir mit Superstar-Gästen oder mit Berichten von Konferenzen.

Deutsche Familienversicherung –
von 0 auf 100
Vor dem Jahr 2018 kannte man die
Deutsche Familienversicherung
international kaum. Einen mittel-
großen Versicherer aus Frankfurt
auf das internationale Parkett
zu hieven, völlig zu digitalisieren
und den in der westlichen Welt
ersten Insurtech-IPO erfolgreich
durchzuführen, war und ist völlig
unrealistisch.
Doch schaffte die DFV genau das.
Heute ist sie das erste börsenno-
tierte Insurtech Europas, konnte
den Aktienkurs erhöhen, und
glänzt mit ganz realen Erfolgen in
der Bilanz und mit einem enormen
Kundenzuwachs.

Getrieben wurde dies vom CEO
und Gründer Dr. Stefan Knoll
sowie einem Team aus Versiche-
rungsveteranen und jungen Mit-
arbeitern. Dr. Knoll gab unrealisti-
sche Ziele vor – und erreichte sie
gemeinsam mit seinem Team.

Heute gilt die DFV auch internati-
onal als der spannende Insurtech-
Case aus Deutschland. Es geht so-
gar soweit, dass in China die DFV
als eine der Best-Case-Digital-
versicherer neben Lemonade, Ping
An und Zhong An gezählt wird.

All dies war – nüchtern betrachtet
– völlig unrealistisch.

Lutz Kiesewetter, Leiter Investor
Relations & Unternehmens-
kommunikation DFV

1. Die DFV und Robin Kiera – wie
begann das 2018?
Wie lernt man Robin kennen? –
Über Social Media natürlich. Und
wer ihn besser kennt, weiß, dass
ab dem ersten Kontakt alles un-
kompliziert läuft. Ich habe ihn
über LinkedIn angeschrieben und
keine 24 Stunden später haben
wir das erste Mal telefoniert.

2. Warum keine traditionellen
Berater?
Wir waren mitten in der Vorbe-
reitung eines bahnbrechenden
Digital-Events, im Rahmen dessen
wir die DFV als erstes, funktionie-

rendes InsurTech positionieren wollten. Das Event war für die 17. Kalenderwoche 2018 geplant und sollte auch in Social Media wahrgenommen werden. Mir als PR-Verantwortlichem war klar, dass man dafür neue Wege gehen muss. Robin war damals bereits eine feste Größe in der internationalen InsurTech-Community und einfach erfrischend anders als alle anderen Berater und Experten. Also ein idealer Partner für uns.

3. Wie ging es nach dem Event weiter und was waren die Schwerpunkte der Zusammenarbeit?
Ehrlich gesagt wollten wir, bevor die Zusammenarbeit weitergeht, erst einmal sehen, ob seine Beiträge und das erste Interview mit Herrn Dr. Knoll die erwartete Wirkung entfalten würden. Da dies der Fall war, Robin hält was er verspricht, haben wir unsere Zusammenarbeit dann auf gemeinsame Besuche internationaler InsurTech-Messen erweitert. Durch Robins Netzwerk war es einfach, dort Zugänge zu erhalten. So waren wir u.a. auf der DIA in München, der InsurTech Connect in Las Vegas und der Insurtech Insights in London. Durch Interviews vor Ort und Robins Verbreitung über Social Media, konnte die Bekanntheit der DFV, vor allem international,

weiter gesteigert werden.

4. Dann ging es als erstes Insurtech Europas an die Börse – Was hatte Robin damit zu tun und wie ist euer Verhältnis heute?
Nachdem Robin die DFV über ein halbes Jahr intensiv medial begleitet hatte, war er natürlich auch am Tag des IPOs mit auf dem Parkett. Zum Börsengang gab es natürlich auch wieder ein Interview mit Herrn Dr. Knoll. Ich denke, Robin war der ideale Partner, um den ersten IPO eines europäischen InsurTechs medial, neben den klassischen Medien, zu begleiten. Heute haben wir nach der intensiven Phase in 2018 und 2019 immer noch viel Kontakt und Robin ist ein treuer Begleiter der DFV geworden. Auch in Zukunft werden wir gemeinsame Projekte vorantreiben.

5. Warum ist das Buch wichtig für Praktiker aus der Versicherungswirtschaft?
Für das Buch wünsche ich Robin selbstverständlich viel Erfolg! Soweit ich weiß, gibt es bis dato noch kein Buch über „attention hacking" im Bereich der Versicherungsbranche, weswegen er als Pionier in diesem Bereich spannende Einblicke liefern kann und wird, die weit über die Branche hinaus interessant sein werden.

TikTok

Wer als Versicherer oder Vertriebler jetzt nicht bei TikTok ist, verpasst die Chance der 2020er Jahre. TikTok ist DIE angesagte Plattform derzeit (Stand März 2021). Kümmern Sie sich nicht darum, dass TikTok verschrien ist! Das Gleiche galt für Ebay, Facebook oder LinkedIn. Noch lässt sich organische Reichweite erzielen, deshalb sollten Sie JETZT starten!

Das Netzwerk dient zur Erstellung und zum Teilen von Videos. Mit unserem Account beispielsweise erreichen wir bis zu 900.000 Personen pro Tag und damit mehrere Millionen die Woche. Teilweise wachsen wir 10 bis 20 Prozent pro Tag. Dabei verzichten wir auf Tanz-, Reise- oder Comedyvideos, sondern beantworten Fragen rund um Vermögen, Finanzen und Versicherung. Uns folgen 130.000 Menschen und wir erhielten bislang über 3.500.000 Likes.

Daten und Fakten zum Kanal:[9]
- TikTok verfügt über 800 Millionen aktive Nutzer weltweit und wurde bislang mehr als 2 Milliarden Mal heruntergeladen.
- Die Downloads haben sich in einem Jahr verdoppelt und damit gehört TikTok zu den am schnellsten wachsenden sozialen Netzwerken der Welt.

- Entgegen der öffentlichen Wahrnehmung sind nur 41 Prozent der Nutzer zwischen 16 und 24 Jahre alt und TikTok spricht zunehmend ältere Menschen an. Über 40 % der Nutzer sind über 25.
- Nutzer verbringen durchschnittlich 52 Minuten pro Tag auf TikTok – diese Dauer schlägt alle anderen Apps.
- TikTok ist in 155 Ländern und 75 Sprachen verfügbar.
- Die meisten anderen Apps werden nur einmal pro Tag benutzt, 90 Prozent der Nutzer sind jedoch mehrmals täglich auf TikTok.

Ihre ersten Schritte
1. Erarbeiten Sie sehr schnell eine TikTok-Strategie, in 5 Jahren ist es zu spät.
2. Befreien Sie sich von allem, was Sie in den Medien, von selbsternannten Experten oder Kollegen über TikTok gehört haben. Bilden Sie sich Ihre eigene Meinung.
3. Eröffnen Sie ein eigenes Profil und liken Sie Inhalte, die Sie spannend finden. Dann lernt der Algorithmus, Ihnen passende Inhalte bereitzustellen.
4. Analysieren Sie konsequent, was Ihnen gefällt und warum gewisse Videos erfolgreich sind.
5. Recherchieren Sie Hashtags und Themen, die Sie besetzen wollen.

[9] www.oberlo.com/blog/tiktok-statistics

6. Starten Sie Ihren eigenen Kanal aktiv und veröffentlichen Sie TikTok-gerechte Videos!
7. Sorgen Sie dafür, dass TikTok-Nutzer Ihre Präsenz auf anderen Portalen wie zum Beispiel LinkedIn finden können und verjüngen Sie so Ihre Followerschaft auch dort. Hierzu eignet sich Link-Tree. Mit einem Link verweisen Sie auf eine externe Seite, wo wiederum mehrere Links zu ihren anderen Profilen zu finden sind.
8. Wenn Sie sich wohl und sicher fühlen, produzieren Sie viele TikTok-Videos pro Tag. Am besten 20 bis 40 Stück.

Geeignete Inhalte

Der Erfolg eines Videos auf TikTok lässt sich nicht vorher absehen – obwohl sich Prinzipien herauskristallisieren, die zu Viralität beitragen. Setzen Sie deshalb auf Versuch und Irrtum, um diese Prinzipien für sich kennenzulernen! Sehr viele Views konnten wir zum Beispiel mit Finanz-, Auto-, und Reisevideos erzielen, hier bieten sich zahlreiche Aufhänger für Versicherungsthemen. Auch mit seriösen Finanztipps erreichen wir gute Zuschauerzahlen – vor allem in Abgrenzung zu Kanälen, die sinnbefreiten Konsum und „Flexen" (Zurschaustellung von Statussymbolen) propagieren. Aber auch Versicherungsthemen eignen sich für kurze TikTok-Videos. Schneiden Sie Ihren Tag im Vermitt-

lerbüro kurzweilig zusammen oder zeigen Sie ein neues und gut versichertes Auto eines Kunden und erklären Sie kurz, worauf es dabei ankommt.

Dos and Don'ts

- Teilen Sie auf keinen Fall Videos, die sie für andere Kanäle wie YouTube oder LinkedIn produziert haben. TikTok hat seine eigenen Regeln. Nur TikTok-spezifischer Content hat das Potential, viral zu gehen.
- Videos mit Unterhaltung, Informationen und konkreter Hilfe kommen gut an – etwa auch der in der Versicherungswirtschaft nicht ganz unbekannte Bodo Schäfer.
- Motivierende und positive Videos kommen gut an – negative nicht.
- Sperren Sie Hater stringent und lassen Sie sich auf keine Auseinandersetzung ein.
- Videos müssen zwischen 15 und 60 Sekunden lang sein.

Profitipps

- TikTok bietet auch eine Live-Streaming-Funktion. Im Gegensatz zu den meisten anderen Kanälen erreichen Sie damit auch Menschen, die Ihnen noch nicht folgen.
- Beginnen Sie Videos mit starken Emotionen oder den wichtigsten Begriffen. Bei TikTok hat man eine halbe bis eine Sekunde um zu überzeugen.
- Testen Sie unterschiedliche Inhalte. Es lässt sich kaum vorab einschätzen, welche Themen ankommen. Wir wollten eigentlich einen Kanal zu Consulting starten, aber unsere Videos zu Finanz- und Vermögensthemen waren so erfolgreich, dass wir komplett umgeschwenkt sind.
- Adaptieren Sie aktuelle Trend-Hashtags und Trend-Themen auf Ihren Bereich.
- Besetzen Sie Hashtags indem Sie viele Videos dazu produzieren. Wenn diese viral gehen, können Sie ganze Nischen besetzen – wie wir etwa #vermögenaufbauen.
- Überlegen Sie, ob Sie mit anderen Influencern zusammenarbeiten können.
- Die Werbefunktion ist zwar noch neu und wenig erprobt, prüfen Sie aber jetzt schon die Möglichkeiten.
- Wenn Sie jetzt nicht in TikTok investieren, fangen Sie dieses Buch von vorne an.

Must Watch Kanäle

- Herr Anwalt
- Cosmosdirekt
- Steuerfabi
- Wuerth_Germany
- Frank Thelen
- Die Personalabteilung
- PolizeiNRW
- Laurysinsurancecrew
- Echt OCC
- ThomasSattelberger
- VB Mittelhessen
- Officialreesetiktok
- Footdocdana
- Themrspedersen
- Idea.Soup
- Jeff.Couret
- Midovibes
- Ehrenmarius

Natürlich sollten Sie auch meinem Kanal folgen: Robin_Kiera

Désirée Mettraux ist CEO der Lübecker OCC Assekuradeur GmbH

Désirée, OCC hat einen wahren Kulturwandel mitgemacht. Vom altehrwürdigen hanseatischen Versicherungskontor zu einem modernen digitalen Unternehmen mit diversen Touchpoints im Netz. Warum war die digitale Transformation für OCC so wichtig?

Als ich im Jahr 2019 die Geschäftsführung bei OCC übernahm, war das mittelständische Unternehmen noch komplett analog aufgestellt. Wir wussten, dass wir schnell handeln müssen, um die Traditionsfirma fit für die Zukunft zu machen, damit sie im harten Wettbewerb auch künftig eine Chance hat. Insofern war die Strategie von Anfang an klar – und OCC mehr als reif für den Digitalisierungsprozess.

Einerseits sollen neue Technogien die Transformation unterstützen, andererseits müssen auch die Mitarbeiter diesen Weg mitgehen wollen. Gestaltete sich das so einfach?

Die beste Technologie nützt nichts, wenn das Mindset der Mitarbeiter nicht stimmt. Deswegen war es wichtig, alle Kollegen abzuholen und sie auf den neuen Weg einzustimmen. Ich habe in vielen Meetings und persönlichen Gesprächen plausibel gemacht, dass niemand vor der Digitalisierung Angst haben muss. Niemand verliert durch die neuen Technologien seinen Job, im Gegenteil. Durch den Wachstumseffekt brauchen wir ständig neue, qualifizierte und hochspezialisierte Mitarbeitende, die Belegschaft wuchs in den letzten zwölf Monaten um fast 20 Prozent. Es war auch ein Learning für mich, dass offene Kommunikation von vornherein viele Barrieren abbauen kann.

Aber trotzdem lief nicht alles glatt?

Das wäre auch unheimlich, wenn immer alles glatt läuft. Probleme gab es anfangs bei der technischen Umsetzung, die wiederum negative Auswirkungen auf unser Servicelevel hatte. Aber auch unsere Online-Strategie sorgte bei manchen altgediegenen Kollegen für Erstaunen und Irritationen: Warum hat OCC so viele Social-Media-Kanäle, was tun wir da überhaupt? Hier hat unsere Marketingabteilung viel Aufklärungsarbeit geleistet. Wir haben unser Ziel klar definiert: Wir wollen die Kontaktpunkte zu unseren Kunden erhöhen. Wir wollen wahrgenommen werden. Und wir wollen meist schon da sein, bevor die Kunden kommen.

Mit unseren Aktivitäten in der On-line-welt haben wir eine gewissen Entkopplung von der Wahrnehmung erreicht. Durch eine visuelle Markstärke und Präsenz wirken wir auf den Social Media Plattformen, als wären wir 1000 Mitarbeiter:innen und nicht nur 100. Und spätestens, als die ersten Kollegen etwa über eine Fachsimpelei auf Facebook neue Kunden generieren konnten, war klar, dass dieser Weg der richtige ist. Heute werden übrigens 40 Prozent aller Versicherungsangebote bei uns online abgeschlossen.

Wie beurteilst du die Entwicklung der digitalen Transformation in der gesamten Versicherungsbranche?
Die Pandemie war für die digitale Transformation in der Branche sicherlich ein Beschleuniger. Es wird zunehmend wichtiger, digitale Lösungen anzubieten, die zugleich auch ein starkes Kund:innen-Erlebnis mit sich führen. Darauf müssen sich auch die „großen Tanker" einstellen und entweder durch Zukäufe oder Joint Ventures schnell reagieren. Hier gilt ganz klar, dass Unternehmen mit schnellen Entscheidungswegen und Prozessen im Vorteil sind. Wir sehen aber bei vielen Versicherern den Trend zu flexiblen API, die mehr Spielraum zulassen. Da ist ein Umdenken

zu beobachten. Vor allem auf das Thema Employer Branding wird verstärkt Wert gelegt. Wenn du eine ganz alte Website hast, der Auftritt verstaubt wirkt und man sich fragt, was ist das eigentlich für ein Unternehmen, dann kannst du auch keine neuen Talente generieren.

Stichwort Wachstum: Wo siehst du noch großes Potenzial in der Zukunft?
Digitale Ökosysteme sind für mich mit enormen Potenzialen einher gehend. Nutzer:innen sollte es so einfach wie möglich gemacht werden, die verschiedenen Konten und Verträge digital an einem Ort zu haben. Darüber hinaus muss es ermöglicht werden, mit wenig Aufwand den Bedürfnissen (bspw. Anpassung der Versicherungssumme) gerecht zu werden. Datengetriebene Lösungen mit dem Ziel, ein besseres Kundenerlebnis zu ermöglichen, steigern auch bei uns die Effizienz, weil mehr Ressourcen für die Kundenbetreuung zur Verfügung stehen. Data Analytics bietet zudem Chancen, rechtzeitig neue Produkte anzubieten oder schnell Korrekturen vorzunehmen. Dieser spannende Prozess ist im stetigen Wandel.

Facebook

Meiner Erfahrung nach ist Facebook als Plattform für das Attention Hacking tot. Posts erhalten kaum mehr organische Reichweite, keiner liest sie. Ihre Zielgruppen erreichen Sie auf Facebook nur noch selten. Ausnahmen sind einige Gruppen für Vermittler oder Vermittler oder äußerst aktive Communities in Gruppen. Es ist jedoch sinnvoll, Inhalte von anderen Plattformen auch auf Facebook einzustellen und damit Mitnahmeeffekte zu nutzen.

Ich kann und werde Ihnen hier nun keine schrittweise Anleitung für Ihren Facebookaccount geben. Selbst ich war Jahre zu spät dran, dort eine Community aufzubauen. Einzig die Werbemöglichkeiten könnten gegebenenfalls für Sie interessant sein. Es gibt diverse Industrien – vom Online-Gaming bis zum Versicherer – die über Facebook-Werbung Leads generieren.

Profitricks
- Überprüfen Sie, ob sich auf Facebook demografische Gruppen gezielt eingrenzen lassen, die für Sie interessant sind.
- Mitunter lässt sich gezielt Werbung im Umkreis von 500 Metern eines Vermittlerbüros schalten.
- Facebook eignet sich zur Zweit- oder Drittverwertung von Inhalten.

- Über Schnittstellen können Sie zum Beispiel Livestreams für andere Plattformen auch auf Facebook automatisch einbinden.

Xing

Viele (potenzielle) Beschäftigte und Headhunter bewegen sich auf Xing, die Reichweite für das Attention Hacking ist jedoch begrenzt und nimmt zudem stetig ab. Xing hat niemals wie LinkedIn den Schritt zu einer Content-Plattform vollzogen, sondern blieb irgendwo im Jahre 2014 als digitaler Lebenslauf stehen. Ein Investment ergibt wenig Sinn, die Präsenz lässt sich höchstens als Hygienefaktor bezeichnen. Auch die Bedienung ist schlecht, eine Add-Funktion und Hashtags sind nicht verfügbar, es fehlt eine vernünftige Suchfunktion. Nachdem Xing all seine APIs schloss und nun jeder Post mühselig manuell eingepflegt werden muss (außer sie nutzen einen RSS Feed), dachte ich: „Jetzt ist Xing tot." Nichtdestotrotz kann es sinnvoll sein, dort ein Profil zu haben – als Hygienefaktor.

Daten und Fakten zum Kanal:[10]

- Xing ist eine explizit deutschsprachige Plattform. Darüber lassen sich jene Menschen erreichen, die nicht auf LinkedIn sind.
- Der Zugang über eine API (automatische Schnittstelle) ist nicht mehr möglich, so dass alle Inhalte manuell eingepflegt werden müssen.
- Xing verfügt über knapp 18 Millionen Nutzer in DACH – wie viele davon wirklich aktiv sind, ist allerdings unklar.
- 46 Prozent der Mitglieder arbeiten in leitender Führungsebene.

Ihre ersten Schritte

1. Einzelpersonen – vom Vermittler bis zum Stab – können Xing als Karriereplattform nutzen.
2. Beschreiben Sie Ihre Jobvorstellungen sehr genau und vergessen Sie etwaige Gehaltsvorstellungen nicht.
3. Beschreiben Sie Ihr Portfolio, vergessen Sie Links und Bilder dazu nicht.

Dos and Don'ts

- Greifen Sie auf ein professionelles Profilbild zurück und gestalten Sie Ihre Visitenkarte aussagekräftig.
- Machen Sie Ihr Profil interessant und zielen Sie auf Headhunter ab.
- Setzen Sie nicht auf Xing-Gruppen. Die Mitglieder bekommen gar nicht mit, wenn Sie etwas tun.

Profitipps:

- Sorgen Sie für ein gutes Profilbild oder Banner, mit dem Sie sich präsentieren.
- Binden Sie den RSS-Feed Ihrer Homepage ein, dieser wird dann automatisch gepostet als Beitrag bei Xing.
- Nutzen Sie Xing für die Zweitverwertung von Inhalten aus anderen Plattformen.

Instagram

Bei dieser Plattform stellt sich unmittelbar die Gretchenfrage: kann man über Instagram wirklich Versicherungen verkaufen? Die vielleicht überraschende Antwort lautet ja. Zwar wollen viele Menschen lediglich schöne Bilder sehen oder selbst tolle Fotos vom letzten Urlaub posten. Darüber hinaus hat sich Instagram jedoch zu einer Wissensplattform entwickelt. In unserem Fall kann (Versicherungs-)wissen kombiniert mit persönlichen Geschichten und Inhalten für das nötige Vertrauen bei den Kunden sorgen. Und wer seinen Inhalten den Rahmen der Plattform gibt, kann auf Instagram auch ohne Werbeanzeigen Versicherungskunden gewinnen.

Daten und Fakten zum Kanal:[11]
- Eine Milliarde Menschen nutzt Instagram jeden Monat.
- In Deutschland hat Instagram rund 20 Millionen Nutzer.
- Die größte Nutzergruppe bilden die 25- bis 34-jährigen.
- 63 Prozent der Nutzer loggen sich mindesten einmal pro Tag ein.
- Nutzer verbringen durchschnittlich 28 Minuten pro Tag auf der Plattform.
- 200 Millionen Nutzer besuchen mindestens eine Business-Site pro Tag.
- Ein Drittel der meistgesehenen Stories stammen von Unternehmen.
- Marken posten durchschnittlich 2,5 Geschichten pro Woche.

Ihre ersten Schritte

1. Verschaffen Sie sich einen genauen Überblick über die für Ihr Themengebiet relevanten Inhalte auf Instagram.
2. Überlegen Sie sich einen guten Grund, warum andere Menschen Ihnen folgen sollen.
3. Prüfen Sie, mit welchen Nutzern Sie sich vernetzen können.
4. Überlegen Sie, wie sich Ihr Knowhow grafisch darstellen lässt und wie es sich auf Instagram präsentieren lässt.

[11] www.blog.hootsuite.com/instagram-statistics/, https://www.agentur-gerhard.de/digital-marketing/social-media-marketing/instagram-statistiken-die-sie-unbedingt-kennen-sollten

Inhalte

Ihre Inhalte müssen Sie natürlich an die Plattform anpassen. Seien Sie kreativ! Entwickeln Sie Posts, die schön anzusehen sind. Sie können Instagram zum Beispiel nutzen, um Einblicke in Ihr Unternehmen zu geben. Schließlich weiß kaum jemand, was hinter den Mauern eines Versicherers oder Vermittlerbüros abläuft. Damit machen Sie die Branche menschlicher und nahbarer. Warum lassen Sie nicht die Azubis ran?

Dos and Don'ts

- Seien Sie jederzeit auf Instagram präsent und sorgen Sie für regelmäßige Posts, die nicht das Unternehmen behandeln.
- Stellen Sie die Wünsche, Bedürfnisse und Sorgen Ihrer Zielgruppe in den Mittelpunkt.
- Geben Sie sich lockerer und entspannter, als man es von einem Versicherer oder Vermittler erwartet.
- Missverstehen Sie Instagram nicht als Werbebanner! Wer nur Werbung postet, wird garantiert keinen Erfolg haben.
- Bereiten Sie Inhalte leicht verständlich auf.

Anstatt Ihnen selbst etwas über Instagram zu erzählen, habe ich den erfolgreichsten Versicherungsvermittler dort gefragt: Bastian Kunkel.

Bastian Kunkel über Instagram
„Bei Instagram ist es, wie auf jeder anderen Social-Media-Plattform auch: ich muss potentiellen Neukunden einen Grund geben, mir zu folgen oder mit mir in Interaktion zu treten. Das ist der klassische Mehrwert. Dieser Ansatz hat nicht mit dem sonst üblichen Push-Marketing zu tun, „Pull" heißt der Schlüssel. Ich trete nicht als Verkäufer auf und poste überall meine Telefonnummer. Stattdessen agiere ich als netter Helfer von nebenan und teile mein Wissen komplett sowie ohne Hintergedanken.

Instagram ist keine Litfaßsäule, die man mit seiner Werbung zupflastern kann. Leider machen es viele Kolleginnen und Kollegen genauso und wundern sich dann, warum sie keine Kunden auf Instagram gewinnen. Ich selbst poste regelmäßig Beiträge, in denen ich Versicherungen erkläre. Meine Stories bringen persönliche Einblicke in mein Dasein als Versicherungs-Vermittler, damit sich die Follower das Ganze besser vorstellen können. Nur hin und wieder erwähne ich indirekt die kostenlose Online-Beratung.

Ich verdiene mitunter sogar Geld mit Instagram, indem ich immer wieder Kampagnen als Influencer

durchführe und für meine Reichweite bezahlt werde. Dies allerdings nur nebenbei. Bis es soweit ist, braucht es jedoch viel Arbeit. Denn Instagram ist kein Hobby oder kann mal so nebenbei gemacht werden. Es braucht eine Strategie, die richtige Positionierung und sehr gute Inhalte. Ich muss Mehrwerte liefern, anstatt plumper Werbebotschaften. Und natürlich Stories über das ganz normale Leben mit den Followern teilen. Und fast das Wichtigste: Konstanz. Wer nicht dranbleibt, kann es gleich sein lassen.

Weitere Kanäle

Podcasts
Audiospuren von Videos lassen sich als Tondateien nutzen, mit Intro und Abspann versehen und dann als eigenständiges Medium verbreiten. Wir nutzen dazu einen Dienst namens Anchor (www.anchor.fm), Spotify kann jedoch auch sinnvoll sein. Zudem können Sie Podcasts in eigene Webangebote einbinden oder mit Hilfe von E-Mail-Versand darauf hinweisen.

E-Mail-Newsletter
Von den individuellen Rahmenbedingungen hängt es ab, ob Sie die Aufmerksamkeit Ihrer Zielgruppe regelmäßig per Newsletter suchen – zum Beispiel ein- oder zweimal wöchentlich oder monatlich. Dieser Weg kann sinnvoll sein, wenn Sie einen großen E-Mailverteiler besitzen und die Wiederverwendung von Content damit ohne weiteren Aufwand möglich ist. Beispielsweise können Sie die absoluten Höhepunkte aus anderen Plattformen über Newsletter bekannt machen, sollten diese allerdings auf die Adressaten zuschneiden.

Schritt 7: Posten Sie viel und werden Sie zur Content-Maschine!

Pro Tag prasseln zirka 10.000 Werbebotschaften auf den durchschnittlichen Westeuropäer ein. Wer angesichts dieser schieren Masse monatlich einen Newsletter oder ein Mal im Jahr einen Brief verschickt, kann es gleich ganz seinlassen. Er geht schlicht und einfach unter. Gehör findet nur, wer ständig Präsenz zeigt. Ob Videos, Tweets, Blogposts oder andere Maßnahmen: wer die nötige Taktzahl vermissen lässt, verpulvert unnötig Ressourcen und wird schnell wieder vergessen. Zwar zählen hochwertige Inhalte mit echtem Mehrwert, aber der wichtigste Rat für erfolgreiches Attention Hacking lautet aus meiner Sicht:

Machen Sie mehr!

Wo man vor wenigen Jahren noch mit einigen Videos und Bildern Aufmerksamkeit erlangen konnte, existiert heute ein umfassender Wettbewerb um die Zielgruppen. Wer bereits einen Status als wichtiger Influencer erlangen konnte, besitzt einen großen Vorsprung und Digitalscouting nutzt diese Position selbstverständlich. Mit dem erforderlichen Aufwand können sich aber auch die Neueinsteiger einen solchen Status erarbeiten. Dazu braucht es jedoch die bereits bekannten, unrealistischen Ziele und entsprechende Disziplin – sowie die Resistenz gegen Neider. Auch in der Assekuranz warten manche darauf, Leute mit frischen Ideen lächerlich zu machen. Ignorieren Sie solche negativen Einflüsse, so gut es geht!

Auch wenn ich hier für Masse plädiere, Aufmerksamkeit lässt sich nur mit wertvollen Inhalten gewinnen, die Kunden müssen etwas davon haben. Ihre Inhalte oder Apps müssen ein Problem des Kunden lösen – kostenlos. Denken Sie an eine erfolgreiche App wie WhatsApp. Wer vor 10 Jahren prophezeit hätte, dass Sie kostenlose Echtzeitkommunikation rund um die Welt bekommen, wäre ausgelacht worden. Doch derartige Value-Gedanken muss auch die Assekuranz verinnerlichen – zumal sie die optimalen Voraussetzungen besitzt. Aufgrund ihrer Kundendaten sind Versicherer absolute Experten etwa für körperliches und finanzielles Wohlbefinden. Nutzen Sie diesen Schatz und teilen Sie ihn mit den Menschen! Verkaufen können Sie dann im zweiten Schritt.

Lassen Sie sich nicht schröpfen!

Vergessen Sie das Hochglanzvideo einmal im Jahr, wofür Ihre Agentur gerne 150.000 bis 250.000 Euro verlangt. Designpreise interessieren höchstens die Werbebranche, Ihre Kunden haben nichts davon! Der Erfolg in den sozialen Medien hängt ganz klar mit der Menge der publizierten Inhalte zusammen und nicht mit der grafischen Qualität. Eine Ihrer wichtigsten Aufgaben heißt daher, Material am Fließband zu produzieren. Doch keine Angst, die Erfahrung zeigt:

Jeder kann ausreichend und kostengünstig Inhalte herstellen!

Alle Themen, Ereignisse, Termine und viele externe Aufhänger gestatten die Produktion entsprechender Bilder, Videos oder Posts. Und die erforderliche Schlagzahl erreichen Sie, indem Sie einen Anlass mehrfach nutzen. Halten Sie einen Vortrag, produzieren Sie ein langes Format. Schneiden Sie daraus zudem mehrere Kurzvideos und schreiben Sie unterschiedliche Texte zu den jeweiligen Schwerpunkten. Auch ein Making Of lässt sich meist erstellen.

Wann immer ich mit Verantwortlichen aus der Branche über diesen Schatz spreche, kommt eine Frage: „Wann können wir diese wertvollen Inhalte bepreisen?" Meine Antwort lautet nie! Denn damit würden Sie sich sofort selbst die rote Karte zeigen. Auch Google oder Facebook werden niemals auf die Idee kommen, ihre Services hinter Bezahlschranken zu packen. Stattdessen stellen die erfolgreichen Tech-Giganten nutzerfreundliche Services zur Verfügung, um Aufmerksamkeit zu erzeugen und in die täglichen Routinen der Menschen einzudringen. Sie sind die Könige des Attention Hacking! Und dann spielen sie man in the middle oder gatekeeper und verdienen Ihr (unfassbar vieles) Geld, indem sie den Zugang für andere bereitstellen – zum Beispiel für Versicherer. Jeder Verantwortliche im Kfz-Geschäft denkt mit einer Mischung aus Schmerz und Wut an die Budgets, die Versicherer diesen Gatekeepern im Jahresendgeschäft immer wieder überweisen. Eine solche Entwicklung sollte man in Zukunft vermeiden.

Fünf Phasen der Content-Maschine:

1. **Schaffen Sie die Voraussetzungen zur Contenterstellung.**
   Sie brauchen Kamera, Hard- und Software zur Bearbeitung von Videos, Ton und Grafiken, ebenso die personellen Ressourcen. Zu Beginn reicht zur Not auch ein aktuelles Handy. Die Content-Creatoren benötigen dezidierte Zeit und eine angepasste Stellenbeschreibung.
2. **Erstellen Sie guten Content!**
   Testen Sie verschiedene Möglichkeiten und verfolgen Sie die Strategie, die funktioniert. Wenn Sie mich an dieser Stelle fragen: „Kiera, was ist guter Content?" Dann lesen Sie noch einmal die relevanten Kapitel oder melden Sie sich bei uns.
3. **Publizieren Sie guten Content in den Kanälen Dritter.**
   Die Königsdisziplin heißt, eigene Inhalte bei Medienpartnern zu platzieren. Denn dann partizipieren sie von deren Reichweite und gewinnen neue Fans.
4. **Werden Sie zur Content Plattform.**
   Laden Sie andere zu Ihren Contentformaten ein – wie es zum Beispiel wir bei unserer Insurance and Finance Live Serie mit den Who is Who der internationalen Versicherungswirtschaft tun.
5. **Setzen Sie einen professionellen Vertriebstrichter auf.**
   Wenn Sie spannende Menschen unter Ihren Followern entdecken, warum dann nicht in einen Vertriebsprozess überleiten? Oder warum nicht auch spannende Personen in ihr eigenes Format einladen und auch vertrieblich aktiv werden?

So erreichen Sie eine hohe Schlagzahl

Sie können eine echte Content-Maschine errichten. Der Trick: Kern-Content produzieren – wie ein hochwertiges Video oder Video-Interview – und es dann kanalspezifisch bearbeiten und wiederverwenden.

Bei einem Interview sieht dies folgendermaßen aus: Sie haben das auf Video aufgezeichnete Interview als Kern-Content. Die Audio-Spur lässt sich zu einem Podcast verarbeiten. Generisches Intro und Outro hinzu und über Distributionsplattformen verbreitet. Fertig. Die besten Zitate können Sie als Grafik aufbereiten und verbreiten. Aus einem 30 Minuten Interview lassen sich meist zwischen 5 und 15 Höhepunkte herausschneiden. Es wäre auch ein Zusammenfassungsvideo möglich. Ferner lassen sich Kernaussagen auch in Textform gießen und relevante Artikel verfassen – gegebenenfalls in mehreren Sprachen. Am besten platzieren sie diese in anerkannte Fachmedien. Wer dieses

Prinzip konsequent durchzieht, kann aus einem überschaubaren Kern-Inhalt eine ganze Kampagne durchführen und auf allen relevanten Kanälen mit hochwertigem und spezifischem Content präsent sein.

Auf diese Weise können Sie mit Ihrem heutigen Budget mindestens zehnmal mehr Inhalte produzieren und distribuieren als heute. Und das Beste: Ihre Zielgruppe wird den Unterschied kaum merken.

Masse erzeugen, Klasse veröffentlichen!

Die wichtigste Regel möchte ich auch in diesem Kapitel wiederholen: beginnen Sie jetzt! Wer die erforderlichen Ressourcen nicht inhouse hat, sollte externe Fachleute engagieren. Damit entfällt die Probierzeit und Erfolge kommen deutlich schneller.

Ich bin nur Vermittler, wie soll ich das leisten?

Klar kann nicht jeder fünf oder zehn Leute für Social Media einstellen. Angesichts der Technik im Smartphone, können Sie jedoch vieles selbst machen! Und wenn Sie angesichts des Wandels bestehen wollen, müssen Sie Zeit dafür aufwenden. Verändern Sie Ihre Schwerpunkte, setzen Sie auf die Strategien von morgen! Die Arbeit der Branche verändert sich. Vielleicht verfügen Sie sogar über Referenten, die die erforderlichen Tätigkeiten übernehmen können, anstatt Kunden mit cold calls zu nerven.

Schritt 8: Machen Sie Ihre relevanten Influencer ausfindig

Versicherungsunternehmen, Vermittler, angestellte Vertriebsmanager und andere Akteure aus der Branche erzielen Aufmerksamkeit durch Engagement. Werden Sie aktiv! Dazu beginnen Sie am besten mit den wichtigen Influencern und Multiplikatoren.

1. Schritt: Identifizieren Sie die für Sie wichtigen Akteure.

Googeln Sie beispielsweise nach #Versicherung und Sie stoßen auf Menschen und Unternehmen, die regelmäßig aktiv sind. Zudem existieren Rankings von Akteuren etwa im Fintech- und Insurtech-Bereich. Halten Sie zudem Ausschau nach Entscheidern. Die für Ihre Zwecke wichtige Community kann global, national, regional, oder lokal aufgestellt sein. Als Vermittler in der Region schauen Sie zum Beispiel, wer aus Ihrer Stadt und Ihren Zielbranchen aktiv auf Social Media ist. Kurz: Suchen Sie! Gerade am Anfang erwartet Sie ein gewisser Rechercheaufwand. Doch danach kennen Sie diejenigen Personen, die in Ihrem Bereich eine wichtige Rolle spielen und deren Unterstützung Ihnen wichtig sein sollte. Sind die relevanten Akteure bekannt, können Sie selbst in die aktive Kommunikation einsteigen.

2. Schritt: Seien Sie nett zu den Anderen.

Bestätigen, teilen oder liken Sie Beiträge Anderer, die Sie gut finden. Auf diese Weise werden die Influencer und Entscheider irgendwann auf Sie aufmerksam und die Chance steigt, dass Sie Unterstützung für Ihr Business erhalten. Ich habe am Anfang mitunter um Hilfe gefragt und die Resonanz war stets positiv. Denken Sie immer daran, dass auch die anderen Influencer helfen möchten.

Kümmern Sie sich also um Influencer und um die anderen Mitglieder – denn dabei handelt es sich vielfach um Verbraucher und damit um Ihre potenziellen Kunden. Auch deren Beiträge sollten Sie liken, kommentieren und teilen. Mitunter kommen sogar Fragen auf, die Sie mit Ihrem Fachwissen beantworten können. Damit positionieren Sie sich als vertrauenswürdiger Experte. Immer kommt es jedoch darauf an, positiv zu agieren! Auch auf Kritik sollten Sie immer konstruktiv und wertschätzend reagieren. Bieten Sie Lösungen an!

3. Schritt: Helfen Sie und Ihnen wird geholfen!

Wenn Sie sich durch Likes und positive Kommentare zu erkennen geben, reagieren die angesprochenen Personen in der Regel positiv. Schnell wird es Ihnen gelingen, einen Influencer als Interviewpartner oder ähnliches zu gewinnen. So profitieren Sie von der Reichweite der Anderen und werden schließlich selbst zu einer wichtigen Figur in den sozialen Medien – zu einem Influencer eben!

Schritt 9: Bauen Sie Social Media in Ihren Alltag ein!

Jeder kennt den Zusammenhang vom Sport: wer nicht regelmäßig trainiert, bleibt immer durchschnittlich. Und wer vorne mit dabei sein will, muss einen hohen Aufwand treiben. Mehr noch: erfolgreiche Athleten richten ihren Alltag nach ihrem Sport aus.

Und richtig gute Athleten tun dies mit einem Lächeln. Als Arnold Schwarzenegger einmal zu Beginn seiner Karriere im Fitnessstudio gefragt wurde, warum er lächele, wenn die anderen Profisportler stöhnen, antworte er, dass er sich auf jeden Satz 50 Liegestütze freute – auch wenn es weh tat.

Schließlich brachten sie ihn näher an sein Ziel, Mr. Universe zu werden. Um auf Social Media erfolgreich zu sein, müssen Sie sich auf das nächste Video und auf den nächsten Selfie ebenso freuen, wie Arnold Schwarzenegger auf die nächste Übung.

Wer im Marketing, als Vermittler, Manager oder Vorstand Aufmerksamkeit erlangen will, muss seine Arbeitsabläufe entsprechend gestalten. Damit Sie diese Veränderung erfolgreich und nachhaltig umsetzen können, müssen Sie Attention Hacking in Ihren Alltag integrieren.

- Definieren Sie feste Social-Media-Zeiten jeden Tag. In der Aufbauphase sah mein TikTok-Plan so aus:
  ○ 7-8:30 Uhr Familienzeit
  ○ 8:30 Uhr Ankunft im Büro
  ○ 8:30-10 Uhr Aufnahme und Produktion von TikTok-Videos
  ○ 10-18 Uhr Reguläre Arbeit
  ○ 18-20 Uhr Familienzeit
  ○ 20-21 Uhr (2-3 pro Woche) Live-Stream
- Schaffen Sie Routinen des Produzierens und Veröffentlichens von Inhalten.
- Blockieren Sie die erforderliche Zeit in Ihrem Kalender.
- Binden Sie Ihre Kollegen ein und führen Sie regelmäßige Planungs- und Reviewmeetings durch.
- Klopfen Sie jede Tätigkeit und jedes Ereignis auf Anknüpfungspunkte ab für Posts.

Schritt 10: Bauen Sie einen wirksamen sales funnel auf!

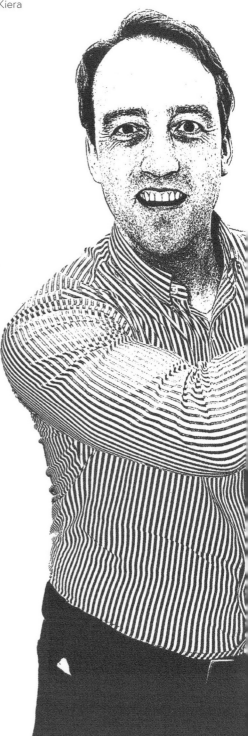

Attention Hacking ist kein Selbstzweck, letztlich sollen die neu gewonnenen Kontakte zusätzlichen Geschäftserfolg ermöglichen. Auch wenn die Leads aus über Twitter, YouTube & Co. eine unterschiedliche Zielrichtung haben, braucht es einen strukturierten Trichter; auf Englisch *funnel*. Egal ob es um Neukunden, potenzielle Mitarbeiter oder interessante Partner geht – Sie müssen die jeweiligen Kontakte kanalisieren und den weiteren Umgang damit regeln. Im Zentrum steht die Antwort auf die Frage:

Was mache ich mit meinen neuen Kontakten?

Erstellen Sie einen detaillierten Plan, wann Sie was tun. Ich bedanke mich beispielsweise sofort nach einem Termin o.ä. bei der Person per WhatsApp, meist sende ich eine E-Mail hinterher am gleichen Tag. Wenn nichts passiert, hake ich nach drei Tagen nach. Sehr praktisch ist es, wenn physische Produkte im Spiel sind, auch diese sende

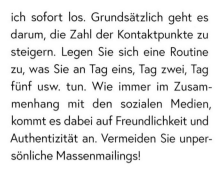

ich sofort los. Grundsätzlich geht es darum, die Zahl der Kontaktpunkte zu steigern. Legen Sie sich eine Routine zu, was Sie an Tag eins, Tag zwei, Tag fünf usw. tun. Wie immer im Zusammenhang mit den sozialen Medien, kommt es dabei auf Freundlichkeit und Authentizität an. Vermeiden Sie unpersönliche Massenmailings!

Denken Sie bei allen Kontaktaufnahmen daran, dass es nicht um den Verkauf geht! Sie machen das Ganze, um den Leuten zu helfen. Dieser Ansatz muss in Ihrer gesamten Kommunikation deutlich werden. Nur dann werden Kontakte freiwillig auf Sie zukommen, wenn Bedarf besteht. Und nur dann wird die Aufmerksamkeit zu Vertrauen. Sie bauen ein soziales Netzwerk auf im Wortsinn.

Sie werden schnell merken, dass Attention Hacking sehr viele Kontakte erzeugt. Deshalb ist es sinnvoll, den sales funnel teilweise zu automatisieren. Dazu taugen Vorlagen, terminierte Anrufe, automatisierte Nachrichten und strukturierte Abläufe. Schon mit kleiner Mannschaft lässt sich eine große Wirkung erzielen.

Der Aufbau eines strukturierten Vertriebstrichters mit systematischen und geplanten Touchpoints ist ein eigenes Buch wert. Und wenn dieses Werk erfolgreich ist und Leser wie Sie es an befreundete Versicherungsprofis verschenken, dann schreibe ich auch dazu.

Dr. Robin Kiera

Geschafft!

Jetzt kennen Sie die 10 Schritte auf dem Weg zum Attention Hacking. Vielleicht haben Sie sogar mitunter den Kopf geschüttelt und sich gefragt, ob es wirklich so einfach ist. Meine Erfahrung zeigt, dass Sie mit den vorgestellten Schritten zweifellos Erfolg haben werden. Deshalb: Ja, es ist so einfach! Überhaupt nicht einfach ist dagegen, es tatsächlich zu tun. Erinnern Sie sich, ich habe 7 Jahre dazu benötigt. Zweifel, Zögern und Ausreden haben mich ausgebremst. Machen Sie es besser! Nutzen Sie meine Erfahrungen und gehen Sie den ersten Schritt gleich jetzt. Und wenn Ihnen die Ressourcen fehlen oder andere Hürden existieren, auch dafür gibt es eine Lösung: suchen Sie sich Unterstützung. Auch wenn Sie es garantiert könnten, man muss nicht alles selbst machen!

Outsourcing – so sparen Sie Zeit!

Influencer wird man selten über Nacht. Gerade im Finanz- und Versicherungsbereich braucht es Jahre, um das nötige Vertrauen der anderen Nutzer zu gewinnen. Und nur wo ein solches Verhältnis existiert, lassen sich soziale Kontakte in echtes Geschäft umwandeln. Deshalb gilt für Attention Hacking das Gleiche, wie für die meisten anderen Bereiche: wo extrem spezialisiertes Know-how gefragt ist, sollten Sie über Outsourcing nachdenken. Die Devise heißt:

Auf der Überholspur zum Influencer!

Vor allem bei Zukunftsthemen ist es nach meiner Erfahrung sinnvoll, Tätigkeiten auszulagern. Denn es fällt sehr schwer, die passende Mannschaft aufzubauen. Viel einfacher ist es, entsprechende Fachleute und das Ausschreiben von Projekten über Plattformen wie Fiverr, Upwork, oder Freelancer.com abzuwickeln. Hier erledigen Freelancer aus aller Welt Aufgaben schnell und kostengünstig.

Meine Regel ist ganz einfach:
Ich mache eine Tätigkeit sechs Wochen lang selbst, dann lagere ich sie aus.
Dieses Prinzip sorgt nicht nur für Entlastung, zudem lässt sich damit ein umfangreicher Stab an zuverlässigen Mitarbeitern aufbauen. Allerdings braucht es Jahre, bis ein entsprechendes Team vorhanden ist. Rechnen Sie damit, viel ausprobieren zu müssen! Steht es, verfügen Sie jedoch über ein schlagkräftiges und skalierbares Werkzeug für Ihre Projekte. Aufgaben sind schnell in einer hohen Qualität erledigt und es ist möglich, den Wandel der Zielgruppen und Technologien aktiv mitzugestalten. Und diese Chance besteht ungeachtet Ihrer Unternehmensgröße! Egal ob Vermittler, Agenturist, Vertriebsmanager oder Versicherer:

Sie verfügen immer über das passende Personal!

Die genannten Plattformen bieten eine riesige Auswahl an Personen mit

der benötigten Expertise – ganz im Gegenteil zu vielen Haus-und-Hof-Agenturen der Versicherer. Diese denken in erster Linie in schönen Broschüren, toll layouteten Anzeigen oder teuren Filme. All das können sie super. Wirksame Social-Media-Kampagnen haben jedoch die wenigsten in petto. Man gibt zwar Geld für Facebook und Co. aus, die Wirkung bleibt jedoch gleich Null. Unter anderem deshalb fehlt es zum Beispiel den meisten CEOs an eigenen Followern. So habe ich zwei zentrale Kritikpunkte:

1. Für viel Geld liefern Agenturen Dinge, die längst veraltet sind und
2. Agenturen betreiben keine eigenen, erfolgreichen Kanäle.

Wie wollen Agenturen ohne eigene erfolgreiche Marke, Follower oder Social-Media-Präsenz glaubhaft vermitteln, sie könnten diese Leistungen für unsere Industrie erbringen? Für das Überleben im digitalen Dschungel braucht es keinen Zoowärter, sondern Crocodile Dundee.

Geldverschwendung und realitätsferne Strategien vermeidet, wer selbst in der Social-Media-Welt unterwegs ist und die dos und don'ts kennt. Ich musste diesen Zusammenhang selbst erfahren und der jetzige Erfolg von Digitalscouting beruht auf zehn Jahren Arbeit. Und auf der Fähigkeit, sehr schnell auf neue Entwicklungen zu reagieren. Denn gerade in schnell-

lebigen Bereichen wie den sozialen Netzwerken kommt es auf die Paarung Know-how und Schnelligkeit an. Leider fehlt es der Assekuranz vielfach an beidem.

Aus meiner Sicht kann es daher sinnvoll sein, viele Tätigkeiten rund um das Attention Hacking an jemanden auszulagern, der sich damit erwiesenermaßen auskennt. Damit lässt sich der zeitaufwendige Aufbau entsprechender Teams vermeiden und die langwierigen Entscheidungsprozesse im Unternehmen werden abgekürzt. Setzen Sie auf externe Spezialisten mit ausgewiesener Expertise in diesem Bereich! Denn dann geht es Ihnen so:

Ihre Marketingabteilung wächst kurzfristig um 30 Social-Media-Experten!

Durch Outsourcing schalten Sie von heute auf morgen in den Überholmodus. Sie gewinnen Menschen, die jedes Jahr tausende von Filme oder Posts in den unterschiedlichsten Kanälen platzieren und große Zielgruppen ansprechen. Nehmen Sie zum Beispiel Digitalscouting! Wir erreichen in der Regel Millionen Menschen – in einer absoluten Nische wie den Versicherungen. Kluges Auslagern hilft zudem dabei, die typischen Anfängerfehler zu vermeiden. Deshalb heißt mein Rat: lagern Sie an uns aus.

Jetzt ist Ihre Chance!

Herzlichen Glückwunsch, nun besitzen Sie alle Informationen und kennen viele Tricks, mit denen Sie Vertrieb und Marketing für Gegenwart und Zukunft gut aufstellen können. Deshalb möchte ich nochmals in aller Kürze zusammenfassen, warum Sie jetzt starten und was Sie tun sollten.

- Menschen verändern sich! Und mit ihnen die Kommunikationsmittel, Vorlieben und Sehgewohnheiten. Ob Sie diese Entwicklung mögen oder nicht, Sie müssen reagieren. Tun Sie es nicht, geht es Ihnen früher oder später wie Neckermann und Schlecker.
- Versicherungsvertrieb funktioniert nicht mehr! Auch wenn Sie heute noch leidlich Geld verdienen, viele Menschen mögen Ihre Ansprache nicht. Kommen andere Player mit besseren Alternativen, wandert Ihr Geschäft zur Konkurrenz.
- Menschen sind soziale Wesen und deshalb funktionieren die Sozialen Medien so gut. Machen Sie sich dieses Prinzip zunutze und verlagern Sie Ihre Ressourcen entspre-

chend. Oder würden Sie noch ein Telexgerät kaufen?

- Heute zählt Aufmerksamkeit! Angesichts einer enormen Reizüberflutung kommt es darauf an, wahrgenommen zu werden. Tun Sie daher alles, um ins Bewusstsein Ihrer Zielgruppen zu gelangen. Werden Sie Influencer.
- Ins Bewusstsein gelangt vor allem derjenige, dem die Menschen vertrauen. Erarbeiten Sie sich dieses Vertrauen, indem Sie Hilfe anbieten. Und hören Sie zu! Wenn Sie dann Ihre Zielgruppen kennen, sollten Sie Ihr umfangreiches Wissen zu Sicherheit und Vermögen nutzen!
- Erfolg haben Sie nur, wenn Sie eine hohe Schlagzahl vorlegen. Vergessen Sie den teuren Werbespot und seien Sie stattdessen auf dem Smartphone Ihrer Kunden, wenn diese in den Werbepausen darauf schauen.
- Verändern Sie Ihre Strategie bei Vertrieb und Marketing! Integrieren Sie die Kommunikation mit Ihren Zielgruppen in Ihren Tagesablauf und zeigen Sie dort Präsenz, wo die Menschen gerade sind. Kanal XY gefällt Ihnen nicht? Sie wollen doch verkaufen, oder?
- Legen Sie sofort los, die Zeit drängt! Wenn die Inhouse-Ressourcen fehlen, lagern Sie aus! Wir bei Digitalscouting zum Beispiel können Sie sofort an den Start bringen.

Sie haben Bedenken, weil die Voraussetzungen in Ihrem Unternehmen (noch) nicht gegeben sind? Warten Sie nicht darauf, dass alle alten Probleme gelöst sind. Soweit wird es nie kommen. Außerdem sollten Sie stets daran denken, dass die Probleme niemals aufhören. Es kommen immer neue! Doch wo 10 Schwierigkeiten auftauchen, feiern Sie gleichzeitig 20 Erfolge!

Zwei Szenarien für die Zukunft der deutschen Versicherer

1. Die Schlechten setzten sich durch und es findet keine Erneuerung statt. Die Branche arbeitet weiterhin mit Rezepten von gestern und verwendet ihre Energie auf Argumente, warum Neues nicht funktionieren kann. Ergebnis: Andere werden immer mehr Marktanteile gewinnen und die Profite werden weiter schrumpfen. Viele Versicherer enden wie Quelle und Schlecker.

2. Die Guten setzen sich dank moderner und erfolgreicher Konzepte durch. Die Ideen der Kleinen fließen mit ein und die Branche erweitert ihre Wertschöpfungskette. Insgesamt bewegen wir uns näher zum Kunden. Ergebnis: Ein neues, goldenes Zeitalter kann anbrechen und die Assekuranz besetzt den Platz in der Gesellschaft, den sie aufgrund ihrer Möglichkeiten besetzen kann. Morgen verfügen einige Versicherer über Namen wie Apple und Google.

Digitalscouting – we make your customer come to you

Wir sind eine Unternehmens- und Marketingberatung. Wir sind kein Social-Media-Dienstleister, der bunte Bildchen produziert und coole Filme macht. Nein, wir erhöhen die Erfolgswahrscheinlichkeit unserer Kunden. Zwar kosten wir Geld, doch wird diese Investition mindestens zehnfach wieder eingespielt. Was sind 500.000 Euro Kosten für XX Millionen Mehrumsatz?

Uns als Partner wählen sollten Sie auch deshalb, weil Sie fünf bis zehn Jahre brauchen, bis sie die nötigen Strategien in Eigenregie umsetzen können. Denn Wissensaufbau und Beziehungen – basierend auf der Attention von Kunden und Partnern – müssen Sie sich erarbeiten. Diese Aufgabe kenne ich aus eigener Erfahrung und dieses Buch enthält das Destillat aus meinen zehn Jahren in Social Media. Es speist sich zum Bespiel aus der Generierung von Millionen von Leads für unsere Kunden.

Es gibt auch Nachahmer und Trittbrettfahrer im Markt, sie kosten in der Regel weniger als Digitalscouting. Allerdings trennt uns das Wissen aus dutzenden Projekten, zehntausenden Posts, tausenden Videos und über 100 Millionen Views. Sicherlich kann man den einen oder anderen Aspekt von Attention Hacking kopieren, allerdings nicht das Wissen und die Erfahrung. Und schon gar nicht das Netzwerk!

Digitalscouting unterstützt Unternehmen vor allem in vier Bereichen

1. Wir helfen Ihnen mit Strategien in einer digitalen Welt. Unsere Kunden rufen uns an, wenn sie ein faires, aber auch hartes Feedback zu einer bestehenden Strategie benötigen. Ebenso kontaktieren sie uns, wenn sie am Anfang eines solchen Projektes stehen.
2. Wir helfen mit Attention Hacking Unternehmen und Entscheidern,

die Aufmerksamkeit ihrer Zielgruppe dauerhaft auf sich zu lenken. Einige der bekanntesten Kampagnen der letzten Jahre gehen auf unser Konto – zum Beispiel die Pre-IPO Kampagne der Deutschen Familienversicherung.

3. Sie wollen in den europäischen oder deutschen Markt? Wir bringen Sie auf das Radar von Entscheidern und sparen Ihnen Jahre und Millionen an Business Development.

4. Sie bauen digitale Produkte und wollen Feedback von außen? Es kann zwar weh tun, ist jedoch immens wichtig. Wie der Besuch beim Zahnarzt. Am Ende des Projektes Duzen wir uns auch wieder.

Legen Sie los – vielleicht mit uns?

Großartig, Sie haben es geschafft! Sie stecken den Kopf nicht in den Sand, wie so viele andere. Deshalb bin ich ganz sicher: Ihr Unternehmen wird zu den Gewinnern gehören. Denn wer sich den Realitäten stellt, hat schon gewonnen. Er ist einem Großteil der Konkurrenz meilenweit voraus. Ihr Realismus zeigt, dass Sie bereit sind, loszulegen und Ihr Unternehmen voranzubringen. Und mit dieser Einstellung sowie der Bereitschaft zur Veränderung dringen Sie mit Sicherheit zu Ihren Kunden durch. Sie werden Aufmerksamkeit erlangen.

Dabei unterstützen wir Sie gerne – damit Sie Ihre Ziele schneller erreichen.

Rufen Sie mich einfach an!

Wenn Sie nun noch etwas für Ihr Karma tun wollen. Schließen Sie Ihre Augen, denken Sie an drei Personen, die dieses Buch lesen müssen und schenken Sie es Ihnen jetzt via Amazon. Ihre Freunde werden es Ihnen danken.

ISBN 978-3-7549-1826-5

www.epubli.de